RONGHE XINXI JISHU DE "335"
FANZHUAN KETANG JIAOXUE MOSHI

融合信息技术的"335"翻转课堂教学模式

邢福楷　主编

新 华 出 版 社

图书在版编目(CIP)数据

融合信息技术的"335"翻转课堂教学模式／邢福楷
主编. —— 北京：新华出版社，2021.3
ISBN 978-7-5166-5697-6

Ⅰ.①融… Ⅱ.①邢… Ⅲ.①课堂教学－网络教学－
教学模式－中学 Ⅳ.①G632.421

中国版本图书馆 CIP 数据核字(2021)第 039255 号

融合信息技术的"335"翻转课堂教学模式

主　　编:邢福楷

责任编辑:蒋小云　　　　　　　　封面设计:吴晓嘉

出版发行:新华出版社

地　　址:北京石景山区京原路 8 号　　邮　　编:100040

网　　址:http://www.xinhuapub.com　http://press.xinhuanet.com

经　　销:新华书店

购书热线:010-63077122　　　　中国新闻书店购书热线:010-63072012

印　　刷:河南省环发印务有限公司

成品尺寸:170mm×240mm

印　　张:14.5　　　　　　　　字　　数:237 千字

版　　次:2021 年 3 月第一版　　　印　　次:2021 年 4 月第二次印刷

书　　号:ISBN 978-7-5166-5697-6

定　　价:38.00 元

图书如有印装问题请与印刷厂联系调换:4006597013

序一

——来自 "草根" 的伟大力量

得知海口市第九中学邢福楷校长主编的《融合信息技术的"335"翻转课堂教学模式》一书即将出版，我很是激动。在此，我们可以亲眼见证基础教育园地中这枝花朵的盛开，它散发着时代的芬芳。

"醒得早、 起得早"

与海口九中的首次接触可以追溯到五年前，当时，信息技术与教育教学深度融合与创新的东风逐渐强劲，海口九中开始思考在新课改、新考试的背景下，如何借助新时代基础教育改革的利好政策、北京课改先行先试的优质资源、信息技术与教育融合的成功经验，统筹内外部的教育供给资源和方式，探索学校内涵发展、持续发展、快速发展的教育改革创新之路。

五年来，海口九中对"育人"二字的重视程度快速提升，搭建学习共同体的愿望、使教育达到均衡的思路以及培养学生自主学习能力的目标，都亟须通过优质资源去实现。在这样的大背景下，2016 年，海口九中借力于北京四中网校先进的教学平台以及优质的教学资源，开启了智慧教学模式变革，成为海南省内"吃螃蟹"的第一校。

"善用改革方法、 释放政策红利"

海口九中建校六十余载，由小到大、由弱到强的发展，与北京四中及全国众多的优秀学校一样，其背后都有着一种强大的驱动力，那便是与时俱进、锐意改革的精神。在这种精神的指导之下，将教学改革的重点聚焦于课堂。犹如有识之士所言"课堂不改革，信息技术就是累赘"。海口九中善于运用创新的思维、改革的办法，并围绕"立德树人"的根本目标，帮助学生全面而有个性地发展，积极构建以教育教学需求为导向的信息时代新型的教育生态。

海口九中恰恰就是在这新时期捕捉并且充分利用了"信息技术"这一有力的抓手，并根据办学实践中的心得体会创造出独具特色的"335"教学模式。在新的教育手段支撑下，以学生为中心的教育理念才得以真正落地。

我曾在《数据驱动下的智慧课堂精准教学》一书中提到，20 世纪 50 年代，当在苏联任教长达 32 年的苏霍姆林斯基遇到一位自称教物理的老师时，他直截了当地表示，他并不认同世界上有"教物理的"这个职业，要是有，也应该是"教学生学物理的"。无独有偶，与苏霍姆林斯基大约同期的、北京四中化学特级教师刘景昆先生，在阐述师与生的关系时认为："学习好的学生是我提高业务能力的老师，学习差的学生是我改进教学方法的老师。"虽然过去了半个多世纪，但这样的理念放在现在来看仍不陈旧，不仅不陈旧，反而散发着灿烂的光芒。

由于工作上的原因，让我真正走进了海口九中的课堂，其中感悟最为深刻的是小组合作学习方式给教师和学生的教与学带来的深刻变化。犹如吴芳蕾老师所说："这些转变凸显了课堂上学生主体地位的重要性，让学生由被动学习、接受学习、输入式学习转向主动学习、合作学习、输出式学习。"这与《中国教育现代化 2035》中所提到的"以培养学生创新精神和实践能力为目标的创新人才培养模式，启发、探究、参与、合作的教学方式"以及《关于深化教育教学改革全面提高义务教育质量的意见》中再次强调的"具体到课堂的基于情景和问题导向的启发式、互动式、探究式教学探索"极度合拍。

"散发领导魅力、 激发教师活力"

初识邢福楷校长，是在三年多前的成都。当时的中国基础教育信息化大会上，北京四中刘长铭校长在主题报告中提到了"人工智能技术不能取代教师，但是，不会信息技术的教师一定会被善用信息技术的教师取代"。会间，邢校长以他特有的洪钟之声，极其肯定地和我讲："九中的老师绝不会被取代！"后来颇为频繁的接触让我认识到，这样的底气背后是他对教育的深刻理解和高效的组织领导能力，更有海口市教育局以及美兰区教育局领导的胆识与担当。

育人方式的变革、素质教育的发展、教育质量的提升，所有这些，无论在哪一所学校，都是一个系统性的工程，需要科学的管理机制作为推动。校内，只有通过信息化课改领导小组的整体部署、各阶段工作目标及保障措施的制定、各年级学科具体教学改革方案的实施、过程性的记录与及时的评价反思，才能确保工程的效果。另外，需要校长严于律己、勇于当先，并结合科学化与人文化相融合的学校管理机制，就会催生出一支由师德高尚、业务精湛的教师所组成的高效精干队伍，以共同付诸卓有成效的教改实践。

从海口九中的教与学变革实践来看，一旦有了教师队伍的上下同欲，加之"信息技术"这一有力抓手，并找到在教、学、考、评、管等环节的突破口，原本从理念到落地的诸多难点将不再是难事，从而就能达到结果可预期、过程可享受的美妙情境。爱学、乐学、会学的教育环境自然而成，教育质量也能得到显著提升。

"守教育之正、 创育人之新"

我仅从过往的北京四中网校助力的5000多所学校的合作实践来看，发现智慧课堂教学改革、在新理念新要求下的教与学方式的重置，难在启动，贵在坚持。这种过程的有效持续，需要正确地处理好"守正与创新"的关系。改革，不能简单地理解为对我们之前做的事情加以全盘否定，教育改革不是多米诺骨牌，不是简单地推倒重来。面对新形势下人才培养的需要，僵化落后的教育理念就需要改，老化陈旧的教学技艺就需要改。越是在改革艰难推进的进程中，越要清醒地认识并坚持科学的教育规律和教育本质，符合"立德树人"的根本目标。凡是有利于创新精神和实践能力培养的教育模式就需要大胆实践，以学生为主体的、基于数据和事实的精准教学就需要坚持到底。

海口九中课堂改革的成功，就是基于"守正与创新"关系处理得当，围绕着教学质量、学生综合能力、教师专业素养的有效提升，最终形成了结合六十年学校优良传统的改革成果，做到了管理决策的数据化、教学呈现的可视化、师生互动的立体化以及学习评价的及时化。这些教改成果的取得，是对教育本质的清醒的认识与坚守。教育的本质就是育人，教育的根本任务还是育人。无论采用何种新技术、新模式，教育归根结底是人对人的影响，没有爱就没有教育，没有创新就没有适应时代发展要求的教育。这便是我们在强调改革创新的同时，一定要冷静思考、传承发扬的精髓。

海口九中的教改成功经验，在于从过去依赖教师的教学经验转向基于数据和事实的分析，并据此调整和建立新的教育策略。同时，充分结合了北京四中网校所提供的先进的教学平台、丰富的课程资源、完善的课型服务以及有温度的驻校教研服务，利用技术赋能改变了教与学的方式、师与生的关系，让教师的教学热情被唤醒，让学生的学习潜力被唤起。

该书的出版以及海口九中的案例，对于全国基础教育的教学改革、课堂改革是极具历史性意义的。这一改革的成果，是在北京四中网校与海口九中老师们的共同努力下取得的。在早期的教育环境下，该成果是为数不多的，更是难能可贵的，是由源自草根的伟大力量凝聚而成的。

教育，不在于注满，而在于点燃。愿海口九中在教育改革的春风中，再认识、再提升、再出发！我们也希望在全国范围内，让更多的孩子得到更好的教育，让更多的教师得到更好的提高，让更多的学校得到更好的发展，让中国的教育因我们改变！

是为序。

北京四中网校副校长　高钧

2020 年 12 月

序二
——聚焦课堂教学改革是不断进取的动力

海口市第九中学是一所有着60多年历史的海南名校，在立德树人、提高教育质量方面成绩斐然，受到社会各界广泛赞誉。特别是近年来，海南自由贸易港建设启动，海南省大力推进"两校一园"工程，许多国内知名学校纷纷来海南办学，各校办学压力明显增大，而海口市九中的教育教学质量依然能够在全市乃至全省保持优势，确实值得我们研究和学习。

今天，收到海口市九中邢福楷校长发来的《融合信息技术的"335"翻转课堂教学模式》一书的电子稿，在系统地翻阅了整个书稿后，我找到了海口市九中教育教学质量能够长期保持在全省第一方阵的密码——紧跟信息时代步伐、聚焦课堂教学改革，这也是其不断进取的不竭动力！

《中共中央关于制定国民经济和社会发展第十四个五年规划和二〇三五年远景目标的建议》明确了提出要"建设高质量教育体系"，其着眼点在于提升质量，其内涵是促进高质量的教育公平与更公平的高质量教育，这就要求我们在教育教学中要坚持做到面向全体学生，教好每名学生，让学生成为生活和学习的主人。

但是，当前我省许多中小学校教育质量不高，反映在课堂上，就是教与学的矛盾突出，部分教师教育教学理念陈旧、教学方式与手段落后，学生之间的学习基础及学习习惯差异很大，由此导致课堂教学效率低下，学生不爱课堂、不爱学习。在目前班级教学的大背景下，如何化解教与学的矛盾，强化课堂主阵地作用，切实提高课堂教学质量，就成为我们广大中小学校长、教师必须面对的重大课题。海口市九中抓住了这个影响学校教育教学质量提升的关键问题，充分利用现代信息技术，广泛借鉴国内外课堂教学改革的经验成果，结合学校实际积极开展课堂教学改革，经过四年多的实践探索，形成了具有海口市九中特色的"融合信息技术的'335'翻转课堂教学模式",促进了学校育人质量的持续提升。

从邢福楷校长《科技点亮教育梦想　翻转奠基智慧人生——"互联网＋"背景下翻转课堂的实践与思考》这篇总论性的文章中，让我们感受到了海口市九中所探索总结出的"三翻三步五环节"课堂教学模式是一种高效的教学模式，是自主、合作、多元、开放的教学方式，是构建良好学习生态的有效途径。特别是其三个翻转：教学形式由"课堂讲解＋课后作业"翻转为"课前学习＋课堂探究"；教学角色中教师由"知识传授者"翻转为"学习的促进者"，学生由"被动接受者"翻转为"主动探究者"；教学评价方式由"传统纸质测试"翻转为"多角度、多元化"评价。其实质是促进育人方式从以"教师为中心"向以"学生为中心"的转变。他们利用"互联网＋"课堂翻转的现代信息技术手段，所探索出的"课前三步""课中五环"教学流程，所打造的智慧课堂，都是这种新教育理念指导下的具体操作经验，其突出的特点就是关注全体学生的生命成长，强调学生人人参与，不放弃、不抛弃任何一个同伴；以学生的活动贯穿课堂始终，每一环节都回归到学生"学"的本质规律；重视提升学生的综合素质，每一位同学与同伴都是真诚合作、积极参与、互相尊重，民主、平等、合作的意识得以加强，自学能力、质疑能力、表达能力、与人沟通的能力得到了显著提高。

海口市九中各学科的老师在"互联网＋"翻转课堂的改革实践中，探索出许多具有独特价值的教学经验和范例。如语文学科在翻转课堂改革中特别注重发挥"小组合作互助学习"的作用，打造新的开放民主的课堂，以此来构建班级学习成长共同体。英语学科针对制约英语教学质量的关键因素——词汇教学的研究，分别采用传统词汇教学方法和翻转课堂词汇教学方法进行对比实验，证实了翻转课堂既有效又有趣，可以节省大量的时间，让学生爱上词汇学习。物理学科积极探索，将班级中学生根据物理学科成绩排序，选取班级中排名前一半的学生当"师父"，另一半的学生当"徒弟"，采用"一对一"师徒互助学习模式，成效非常显著。政治学科利用翻转课堂探索学生试卷自主批改讲评，通过学生分组制定试卷评分细则，自主评卷，自主分析，利用网络环境如平板电脑、微信群等进行讨论分析，全班课堂交流评析，课后微课解惑辅导等方式，培养学生自主分析试卷、找出学习问题的能力，激发了学生学习政治课的积极性，提高了学习成绩。

海口市九中在课堂教学改革的探索中，紧跟信息化时代步伐，充分发挥"互联网＋"教育的技术优势，学习利用北京四中的智慧教学平台，挖掘其基础平台、教学平台、资源平台、平板课堂等模块的具体作用，教师通过推送微课程、练习测验、文档资源、讨论、直播等不同类型的学习任务，学生通过登录系统，完成各种学习任务，从而便捷地实施先学后教的课堂翻转，快速地了解学情，展开个别化教学。

海口市九中经过五年多的实践探索，所总结出来的"互联网＋"翻转课堂的教学模式，是面向全体学生的、促进共同发展的有效途径；充分利用"互联网＋"，是保障课堂教学改革成功的重要手段；学校领导和全校师生齐心协力，是改革成功的根本保证。

期望海口市九中总结出的《融合信息技术的"335"翻转课堂教学模式》，能够为更多的学校和教师带来启发和借鉴，让我们转变教与学的观念，聚焦课堂教学改革，为海南基础教育的高质量发展做出自己的贡献。

海南省教育研究培训院党总支书记、副院长　李洪山
2020 年 12 月 12 日于海口

目 录 | Contents　　　　　　　　　　　　>>>

第一章　教学论文

科技点亮教育梦想　翻转奠基智慧人生

　　——"互联网＋"背景下翻转课堂的实践与思考 ················ 003

民主开放提效率　合作互助共成长

　　——翻转课堂背景下小组合作互助学习模式在语文教学中的运用 ··· 014

浅谈翻转课堂中的几个关键环节 ·································· 020

翻转课堂在初中文言文教学中的运用 ·························· 025

构建"以学生为中心"的翻转课堂教学模式 ················ 032

基于"翻转模式"的智慧课堂案例研究

　　——以"燃烧和灭火"教学为例 ························· 038

翻转课堂

　　——让我遇见更美的课堂 ································· 048

浅谈翻转课堂合作学习小组构建与培训 ···················· 055

论翻转课堂词汇教学策略的调整与效果 ···················· 060

初三历史复习课践行"335"教学模式的几点体会 ··········· 069

浅谈在初中数学翻转课堂中进行课堂检测 ················· 075

翻转课堂下的初中道德与法治试卷学生自主讲评课初探 ·············· 079

在翻转中感悟　在反思中成长

　　——关于翻转课堂在初中历史教学中运用的几点思考 ············ 086

语文智慧课堂云管理 ·· 098

1

"师徒互助、互利共赢"

　　——翻转课堂在物理学科中的运用 …………………………… 102

第二章　教学案例与反思

第一节　课前三步骤

一、学生课前观看微课

　　学生课前观看微课的教学案例与反思 ………………………… 111

二、完成导学案

　　"开花和结果"一课导学案的编制 ……………………………… 114

　　"335"翻转课堂教学模式导学案环节之案例与反思

　　　　——以"两数和乘以这两数的差"为例 ………………… 120

三、教师进行学情分析

　　教师进行学情分析的教学案例及反思

　　　　——以"名著阅读"活动课为例 ……………………… 123

　　翻转课堂

　　　　——促进学情分析上的精准 ………………………… 127

第二节　课中五环节

一、学情反馈

　　"互联网+"背景下翻转课堂的实践与思考

　　　　——课中"学情反馈"环节的教学案例及反思 ………… 130

　　学情反馈的收集及课例反思 …………………………………… 135

二、聚焦问题

　　聚焦问题　高效教学

　　　　——Unit 2　Cambridge is a beautiful city in the east of England

　　　　教学案例与反思 ……………………………………… 137

　　翻转课堂中的聚焦问题案例 …………………………………… 143

三、合作释疑

　　翻转课堂课中"合作释疑"环节的反思

　　　　——以"二氧化碳制取的探究"教学为例 ……………… 146

翻转课堂中的合作释疑解读

　　——以"微观探析复分解反应的实质"一课为例 …………… 150

四、 展示交流

"335"翻转课堂教学模式展示交流环节之案例与反思 …………… 157

海口九中智慧班生物学科翻转课堂的展示与交流 …………… 162

五、 检测提升

"三翻三步五环节"教学模式下课堂检测提升环节的反思 …… 166

巩固知识　深入理解

　　——语文翻转课堂"检测提升"环节的运用与反思 ………… 170

第三节　教学设计

九年级道德与法治"学无止境"的教学设计 …………… 173

"动物体的结构层次"教学设计 …………… 178

七年级数学"认识不等式"的教学设计 …………… 183

利用课堂优势　优化课堂教学

　　——"What's the highest mountain in the world?"教学案例 …… 191

第三章　学生及家长评价

翻转课堂之我见 …………… 199

奇妙的翻转课堂 …………… 201

静待花开　智慧课堂让孩子插上信息的翅膀 …………… 203

智慧的平台　学习的殿堂 …………… 205

第四章　平台支持

搭建平台　助力教育信息化课堂改革落地 …………… 209

第一章
教学论文

科技点亮教育梦想　翻转奠基智慧人生

—— "互联网＋" 背景下翻转课堂的实践与思考

海口市第九中学　邢福楷

摘要： 海口市第九中学围绕"立德树人"的根本目标，秉承"为每位师生的卓越发展服务"的办学理念，全面更新教育观念，深化教育教学改革，利用翻转课堂形式来构建信息时代背景下的新型教学生态。形成学校的翻转课堂教学模式：三翻三步五环节。"335"翻转课堂教学模式以学生的活动贯穿课堂始终，关注全体学生的生命成长，重视提升学生的综合素质，有效促进教师专业成长。

关键词： 翻转课堂；信息化；核心素养

党的十九大报告提出，要全面贯彻党的教育方针，落实立德树人的根本任务，发展素质教育，推进教育公平，培养德智体美全面发展的人才。党的十九大开启了加快教育现代化、建设教育强国的历史新征程。在教育大国向教育强国迈进的进程中，加快教育信息化是事关教育全局的战略选择。而信息时代带来的新技术、新工具、新手段已深刻地影响着社会和生活，随着"互联网＋"教育理念的提出，教育模式随之发生了深刻变革。近几年来，翻转课堂模式吸引了大量学校陆续参与，大家都在实践探索自己的高效课堂。

（一）何为翻转课堂

翻转课堂指的是让学生按照自己的学习进度自学微课，完成导学案，然后在课堂上与老师和同学一起解决疑难问题。具体来说就是教师提前发布任务，学生在任务单的引领下课外自主学习，以最适合自己的方式接受知识；教师根据学生的自学情况进行二次备课，在课堂上通过多种教学活动来完成知识的吸收转化，拓展学生能力，培养品格。

（二） 翻转课堂来自何方

翻转课堂最早的探索者应该是孟加拉裔美国人萨尔曼·可汗，他在为侄女和侄儿辅导数学功课的过程中，想到了制作教学视频，以此让更多学习有困难的孩子享受视频辅导的资源。2006 年 11 月，他制作的第一个教学视频传到了YouTube 网站上，并很快引起了人们的关注。

尽管翻转课堂的模式已经初步成型，但因为视频资源较少，并没有被迅速传播开来，这一问题被给表妹辅导代数的萨尔曼·可汗解决了。2011 年，他建立的非营利性在线视频课程——"可汗学院"，在比尔·盖茨等人的资助、支持、转课下，迅速红遍全球，其原因不仅仅是他的教学视频受到无数人的喜爱，也因为他所设计的课堂练习系统能快速捕捉到学生被问题卡住的细节，使教师能及时施以援手，从而成了更大的亮点，后来人们把这种方式称为翻转课堂的"可汗学院"模型。

（三） 翻转课堂道理何在

翻转课堂的原理是理解新知在先，应用所学在后。知识传授在课外，知识内化在课内。

1．掌握学习理论

掌握学习理论是美国当代著名的教育心理学家、课程论专家布卢姆提出的学校课堂学习理论，集中反映了布卢姆基本的教育思想和理论观点。就是在"所有学生都能学好"的思想指导下，为学生提供所需的个别化帮助以及所需的额外学习时间，从而使大多数学生达到课程目标所规定的掌握标准。学校和教师应该创造条件，允许学生按照自己的节奏，掌控自己的时间，进行个性化学习。

2．建构主义学习理论

当代建构主义者主张，世界是客观存在的，但是对于世界的理解和赋予世界的意义却是由每个人自己决定的。由于我们的经验以及对经验的信念不同，于是我们对外部世界的理解便也迥异。所以，学习不是由教师把知识简单地传递给学生的过程，而是由学生自己建构知识的过程。学生不是简单被动地接收信息，而是主动地建构知识的意义。

3. 自组织学习理论

自组织学习理论是印度教育家苏伽特·米特拉通过著名的"墙中洞"教育实验而总结得到的教育和学习理论。苏伽特·米特拉在印度山区的偏远小村，放置"墙上的电脑"并装上摄像头对孩子的学习行为进行监控，发现"学生的学习是一种自组织行为"，借助计算机和网络技术的支持，学生可以教会自己和同伴知识及技能，从而进一步推进了建构主义的学习理论和实践。

翻转课堂本质上就是一种教育技术支持的自组织学习，借助教学视频的支持，学生可以自己组成学习小组，不仅完成了对知识的个性化学习，甚至通过协作探究、展示交流、意义建构，完成了自己对知识的拓展和创新，发展批判性思维和创造能力。

（四） 我校实施翻转课堂的背景

随着互联网、大数据、云计算、人工智能的快速发展，海口九中的翻转课堂也融入了时代元素，与信息技术深度融合。我们在尝试利用翻转课堂形式来构建信息时代背景下的新型教学生态。

1. 学校发展的需要

经过60余年的发展，学校由小到大，由弱到强，逐步发展。在信息时代背景下，学校要实现由强到优的跨越式发展，我们就要追求"四有"课堂，即有知识、有方法、有生活、有境界。信息化的翻转课堂非常有助于这"四有"高效课堂的形成。

2. 教师专业发展的需要

（1）有利于信息技术与教育教学深度融合。

《教育信息化2.0行动计划》中明确提出，要开展智慧教育探索与实践，推动教育理念与模式、教学内容与方法的改革创新。早在2013年，教育部就决定实施全国中小学教师信息技术应用能力提升工程，推动每个教师在课堂教学和日常工作中有效应用信息技术，促进信息技术与教育教学融合取得新的突破。信息化的翻转课堂就是此种融合的体现。

（2）有利于教师课堂教学的"私人定制"。

新时代的课堂必然要把课堂主人的位置还给学生，以"学"为中心而不再以"教"为中心，这必然要实行个性化"私人定制"。而要实行个性化定制的教学，关键在于全面地掌握学生学习的数据，充分尊重学生的学习过程，为此教师不仅要有丰富的教学技能，同时还要准确掌握每位学生的个体差异。信息化的翻转课堂，依据大数据统计、分析，可以得到学生个性化的认知规律，使因材施教落到实处。

3. 学生学习的需要

（1）有利于学生自由支配学习时间。

翻转课堂课程的进度是依据每个学生的个性化需求而展开的，不是硬性规定整齐划一地"齐步走"。信息化的翻转课堂可使学生在家自学微课，有利于学生自由支配学习时间。

（2）有利于挖掘学生的学习潜能。

信息化的翻转课堂，不再受教室的空间限制，不再受铃声的时间限制，一个问题可以通过不同的角度来理解和学习。这样的学习方式有助于学生灵活深入地展开学习，让学生体会到进步的快乐，激发学生的求知欲。

（3）有利于学生学习共同体的成长。

翻转课堂就是由一个个学习共同体组成。在小组合作学习活动中，组员荣辱与共，共同讨论与探究，共同交流与分享。在合作学习中实现资源共享，智慧分享，同伴互助，共同进步，共同成长。

由此可见，教育信息化不论是从国家政策的角度，社会发展的角度，还是学校和师生发展的角度来看，都是大势所趋。

（五）我校的翻转课堂模式

海口九中在夯实常规教育教学管理的同时，把握机遇，迎接挑战，不断更新教育教学理念，立足于学生的可持续发展。把"互联网＋"引进校园，鼓励教师依托各种先进信息化技术和丰富的教学资源开展教学教研活动，努力打造人文校园、绿色校园、智慧校园，走出一条适合学生全面健康发展的道路。

2016年9月，海口九中率先在全省范围内借助北京四中数字校园平台进行教育信息化的改革，五年来，我校已开设了19个智慧班，在教育信息化的探索之路上初显成效。我校翻转课堂教学涵盖了语文、数学、英语、物理、化学、政治、历史、地理、生物等9门学科。初步形成翻转课堂教学模式：三翻三步五环节。

三翻：在"以教师为中心"转变为"以学生为中心"这一教学理念的引领下，从教学形式、教学角色、教学评价三方面进行翻转。一是，教学形式的翻转，由"课堂讲解＋课后作业"翻转为"课前学习＋课堂探究"；二是，教学角色的翻转，教师由"知识传授者"翻转为"学习的促进者"，学生由"被动接受者"翻转为"主动探究者"；三是，教学评价的翻转，由"传统纸质测试"的评价方式翻转为"多角度、多元化"的评价方式。

三步（课前三步骤）：学生课前观看微课，完成导学案，教师进行学情分析。

五环节（课中五环节）：学情反馈，聚焦问题，合作释疑，展示交流，检测提升。

具体操作流程如下：课前先在平台上向学生推送微课、导学案等学习任务，学生提前自主学习微课并完成导学案，任课教师了解学生的完成情况，并进行二次备课。集中授课时先反馈学生自学情况，提出疑难问题，师生、生生充分互动，教师针对性讲解。最后当堂检测。在这个过程中，教师充当学生学习的指导者、资源的供给者、活动的组织者。

"335"翻转课堂教学模式利用北京四中网校"爱学"平台和平板电脑，教师可以推送习题、视频、音频、文档资源给学生，学生可浏览资源、做题、提出疑问，教师用平板电脑查看学生答题的统计分析数据与具体解题细节，方便实时做出反馈，并对学生进行鼓励。课堂中，还可以利用抢答、随机点名、学生互批等信息化手段活跃课堂气氛。云课堂可完整地记录学生学习过程的数据，并智能分析学生的学习情况，实现了教学资源数字化、教学分析智能化。

（六）我校翻转课堂特色

"335"翻转课堂教学模式，化被动学习为可选择性学习，化统一学习进度为个人掌控节奏，化单一教学模式为兼顾学情差异性，化为教而教为助学而教。"335"翻转课堂教学模式具有以下四大特色。

1. 以学生的活动贯穿课堂始终

在自学环节中，学生以我校教师制作的微课及自主研发的导学案为抓手进行自学，目标明确，有的放矢，为自学能力的提高提供了平台，符合学生的认知规律。在课堂交流展示环节中，学生奋勇争先分享自学收获。每一环节都回归到了学生"学"的本质规律。

2. 关注全体学生的生命成长

我校翻转课堂教学模式强调学生人人参与，一个都不能少，不放弃、不抛弃任何一个同伴。学习任务的阶梯性、多元化，让不同层次的学生都可以获得各自的成功体验。师徒帮助，互惠双赢，各得其所。

3. 重视提升学生的综合素质

我校翻转课堂教学模式能让学生与同伴真诚合作，积极参与，主动探究，认真倾听，热情鼓励，互相尊重。学生不再是竞争对手，而是协作伙伴。民主、平等、合作的意识得以加强，学生学会了正确评价自我，客观对待他人。自学能力、质疑能力、表达能力、与人沟通的能力都得到了显著提高。

4. 有效促进教师专业成长

要想游刃有余地运用翻转课堂教学模式，要求教师更加精准地备课、精心地组织教学，这对教师的学科素养、应变能力等综合素质的要求也相应地有所提高，更加促进教师要不断学习，提升自我，主动成长。

翻转课堂的实施基本实现校长信息化领导力、教师信息化教学能力、培训团队信息化指导能力显著提升，全面促进信息技术与教育教学融合创新发展。为我们的教育教学工作带来了"三个改变，三个提升"，即改变了教师的育人观念，提升了教师的信息技术素养；改变了学生的精神面貌，提升了学生的信息技术能力；改变了学校的教学生态，提升了学校的办学品格。"335"翻转课堂教学模式是让学生、教师、学校均受益的教学模式。

（七）翻转课堂实施策略

1. 领导关怀　专家指导

在海口市美兰区教育局领导的关怀和支持下，在学校领导和教师们的广泛共识下，2016 年起我校与北京四中网校进行深度合作，借助北京四中数字校园平台，进行信息技术与教学融合的尝试。我校每学期组织开展名家专题讲座活动，从解决教育教学的实际问题入手，解决教师在实施翻转课堂中的困惑，以提升教师的专业素养。聆听了专家们的讲座之后，教师们受益匪浅。

2. 组建团队　分层培训

学校领导干部必须具有较强的科研意识和能力，亲自参与课题研究，并带领全体教师一起开展教育科研活动，形成全校性的教育科研氛围，才能推动学校教育教学改革的深化。对此，我们组建了以校长为主持人，省级骨干教师为课题组长，学校教学口领导为指导老师的课题研究核心团队。遵循自愿参加的原则，我们选拔了能熟练网络操作、愿意参与新型教学模式研究，以及教学经验丰富的教师担任实验教师。课题组成员研究任务明确，步骤清楚，责任到人，落实到位。

3. 开放阅读　涵养心智

课改改到深处是文化，是精神层面的价值追求。搞课改，若教师的观念跟不上，就永远是被动的执行，而少有主动的创造。为此，学校开展了丰富多彩的读书活动。以教师自主读、同伴一起读、校长领着读、活动带着读的形式开展读书活动。各科组每月集中开展读书活动一次，各备课组每月集中开展读书活动两次。重点阅读了《魏书生教育教学艺术》、《翻转课堂与微课》、《慕课与翻转课堂导论》、美国最佳教师雷夫的《第 56 号教室的奇迹》、日本教育学家佐藤学的《静悄悄的革命》等书籍。

4. 三个讨论　明晰方向

开展"互联网＋"背景下的翻转课堂教学研究，对于多数老师来说是一个新的课题。为了帮助教师解决在线教学的技术难题，学校组织了多种形式的校本教研培训活动，开展了观看线上专题讲座直播、博客网络研讨、微信群讨论交流等活动。组织各学科组开展"三个讨论"，即围绕"如何开展翻转课堂教学活动""如何提高翻转课堂教学的有效性""如何对翻转课堂教学进行质量检测"三个问题，进行集体研讨，互帮互助寻求解决方法，提升了在线教学和信息技术应用的能力与水平，确保翻转课堂的教学质量。

5. 他山之石　助力腾飞

为加快教师的专业成长，推动教师课堂教学质量和水平的提高，我校抓住一切可学习的机会，坚持"走出去"的原则，定期选派实验教师参加名师教学观摩活动，让教师们欣赏到名师课堂教学的独特设计，感受名师名课的独特魅力。

我校先后组织教师参加了由北京四中网校组织的有关教育信息化发展的外出学习，参观人数共 205 人次；外出学习的教师们回来须上交学习汇报材料，利用校本培训时间对全校或科组教师进行汇报培训，传达学习培训的精神，达到了"一人学习，多人受益""多人学习，全校受益"的效应。

6. 搭建平台　荣誉激励

学校每年举办一次面向全省的"课题研究教学开放周"活动，教学经验和教学成果得以有效地向外辐射；每学期期末举办一次教学论坛，分享课题研究心得，探索课题研究策略；每学期开展一次课题研究教学论文或教学案例评比活动；每月开展一次网络在线研讨活动，或针对教学实践的困惑提出方法，或针对研讨课讨论优劣得失。落实课题实验促进教师成长的"五一"工程，即每人一个个人小课题，每周一篇教学反思，每月一篇读书笔记，每学期一节公开课，每学期一篇论文。全方位多渠道促进教师成长。

（八）硕果盈枝香四溢

1. 影响辐射扩大

《中国教育报》、海口电视台、《海口日报》、《新教育》等多家媒体和教育杂志多次对学校翻转课堂教学成果进行报道。2019 年 7 月 3 日，《中国教育报》刊登了题为《翻转课堂信息化智慧教育应运生——海口市第九中学教育信息化的实践与思考》的报道；《海口日报》刊登了题为《海口九中多措并举创新教育教学模式》《翻转课堂先行者信息技术摆渡人》的报道。对我校翻转课堂的实践给予了高度评价。

2018 年 1 月 10—12 日，在海南省教育学会的主办下，我校承办了 2018 年全国"'互联网＋'新课标背景下翻转课堂教学模式的开发和研究"活动。来自全国各地 80 多所学校及教研部门的 300 余名专家、教师参加了这次活动。国内多所学校先后到我校学习翻转课堂的教学研究成果。课题实验教师在各级、各类评比中屡获佳绩。此外，还开展了教师多层次交流活动，2016—2020 年实验教师开展市级以上公开课 60 余节，全国公开课 10 节，全国同课异构 6 节。实验教师岳宗良、林妍、黄芝彤老师分别受邀在"2018 中国基础教育信息化大会"、"2019 中国基础教育信息化大会暨'互联网＋'智慧课堂教师"研修活动、"2019 年智慧课堂建设与实践（郑州）观摩"研修活动中献课，均受到高度赞誉。

学校综合办学水平不断提升。学校获得了"全省文明校园"等光荣称号，被评为"海南省中小学教育信息化应用示范校"，逐步实现了"出优秀学生、出优秀教师、出先进办学经验"的办学目标，走出了一条让人民满意的教育创新之路，谱写了继承与创新、奋斗与幸福交织的华美乐章！

2．喜获好评点赞

教师们表示：课前通过平台的微课预习，学生可以提高课堂上的听课效率，避免了教师在课堂上为了兼顾中等生和学困生把一些问题反复讲，浪费大家的时间，以及课堂拖沓无聊；课后通过平台发布的学习任务可以看到学生的作业完成结果，学生的学习疑难点通过平台统计的错误率即可一目了然。

学生方面：学生课前学习任务完成率达 98％；学生课外自主学习积极性提高，学生课外使用自主学习平台月累计听课课时多则 18 个，少则 5 个，学生课外使用自主学习平台每月累计做题量多则 455 道，少则 40 道；学生积极参与小组讨论学习，在翻转课课堂中展现出成熟的探究性学习和小组合作学习。

对学生调查统计结果显示：90％的学生认为课前学习（听微课、做测试）对课堂学习有明显帮助；88％的学生认为课上的讨论研究有利于对所学的知识进行全面的掌握和深入的了解；92％的学生认为翻转课堂的学习有利于培养自己的自学能力。实验班的学生表示：平台操作简单方便，对自主学习有很大的帮助。课前听微课并及时对自主学习进行检测比传统的课堂学习更加有效，简单的知识可以听一次就懂，而在课堂上要兼顾其他同学需要花费更多的时间，遇到难点也可以多次听微课，时间分配上更灵活，学习效率更高。

家长方面：家长积极配合学校进行教育信息化的教学，不但在学习工具（平板电脑、平台）上给予大力支持，在学习习惯养成方面也给予大力配合，做好家校携手共为孩子未来。近期，我针对家长对信息智慧班的满意度做了调查，调查统计结果显示：非常满意为85%，满意为15%。家长纷纷表示，翻转课堂不但提高了孩子的课堂效率，还培养了孩子自主学习的习惯，提高了孩子的学习能力，希望学校开展更多的翻转课堂教学活动。

（九）且行且思勤探索

在实践的过程中，我们还有不少困惑。

1. 如何获得社会的广泛支持、认可和理解？

教育信息化不是一天两天的事，教育也不是速成的，教育是一个缓慢的过程，我们需要踏踏实实，一步一个脚印地走下去。我们要用"静等花开"的心态去守望教育。

2. 如何解决优质微课资源匮乏的问题？

如果教学视频不好看、不优秀，学生就没有兴趣看，更不用说提高教学效果了。这对教师的教学水平和视频制作技术水平提出较高的要求，需要学校加大培训的力度。

3. 如何让学生更加合理有效地利用平台资源？

翻转课堂对于学生的自律性和意志力的要求也很高。由于初中学生的自控力和自制力不强，需要我们引导学生合理有效地利用网络资源。

为深入贯彻落实党的十九大精神，办好网络教育，积极推进"互联网＋"教育发展，加快教育现代化和教育强国建设，教育部研究制定了《教育信息化2.0行动计划》。虽然我们取得了一定的成绩，但是教育信息化的路还很长，我们仍须努力。2020年，我们确立了"融合创新，特色发展"的基本理念和"三条路径"，即教育管理信息化、教学信息化和师生信息素养提升齐头并进的策略；努力实现"三全两高一大"发展目标，即教学应用覆盖全体教师、学习应用覆盖全体适龄学生、数字校园建设覆盖整个学校，信息化应用水平和师生信息素养普遍提高，构建"互联网＋"教育大平台；努力实现校长信息化领导力、教师信息化教学能力、培训团队信息化指导能力显著提升。我们将落实《海口市第九中学教育信息化发展三年规划》及《海口市第九中学教师信息化能力培训三年计划》，采取相应的措施以培养出具有高度信息化素养的教师队伍，全面促进信息技术与教育教学的融合创新发展，为智慧教育的有序开展提供有力保障。

"互联网＋"教育布局中小学教育"新征程"，任重道远。我们将不断推进教育信息化的发展，提高学生核心素养，努力打造学习型智慧校园，让教育插上智慧的翅膀！

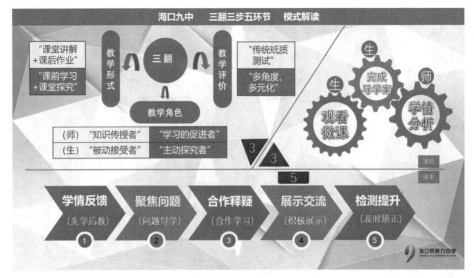

参考文献

[1] 高钧. 数据驱动下的智慧课堂精准教学 [M]. 北京：中国人民大学出版社.

[2] 陈玉琨，田爱丽. 慕课与翻转课堂导论 [M]. 上海：华东师范大学出版社.

[3] 萨尔曼·可汗. 翻转课堂的可汗学院 [M]. 刘婧，译. 浙江：浙江人民出版社.

民主开放提效率　合作互助共成长

——翻转课堂背景下小组合作互助学习模式在语文教学中的运用

海口市第九中学　温艺红

摘要： 小组合作互助学习在翻转课堂中有着十分重要的作用，翻转课堂能否真正实现"翻转"，取决于课前学生的学习和思考，课中小组合作学习的有效性。小组合作互助学习这一课堂教学模式以关注学生生命发展为目标，以培养和发展学生创新能力和合作能力为重点，力图改变原有的、单一的灌输式教学模式，努力创设一个"指导自学——合作交流——师生互动——能力提高"的新的民主开放的课堂教学模式。以小组合作学习的形式进行阅读教学，既可让小组成员在互相比较中进步，也可让优生帮助差生，让同组组员在学习过程中互相学习，互相促进，共同成长。

关键词： 翻转；合作；互助；交流；分享

翻转课堂指的是让学生按照自己的学习进度自学微课，完成导学案，然后在课堂上与老师和同学一起解决疑难问题。具体来说，就是教师提前发布任务，学生在任务单的引领下课外自主学习，以最适合自己的方式接受知识；教师根据学生的自学情况进行二次备课，在课堂上通过多种教学活动来完成知识的吸收转化，拓展学生能力、培养品格。

《国务院关于基础教育改革与发展的决定》指出："鼓励合作学习，促进学生之间的相互交流、共同发展，促进师生教学相长。"教育部在《基础教育课程改革纲要》中，也把培养学生的交流与合作能力作为新课程改革的重要目标。采用小组合作学习的形式，不仅仅是教学的需要，知识学习的需要，课程改革的需要，还是素质教育的需要。以言语交际为平台的语文阅读教学，运用合作学习将大大提高自身的实践性、情境性和实效性，从而提高学生的语文综合素养。

小组合作互助学习这一课堂教学模式以关注学生生命发展为目标，以培养和发展学生创新能力和合作能力为重点，力图改变原有的、单一的灌输式教学模式，努力创设一个"指导自学——合作交流——师生互动——能力提高"的新的开放民主的课堂教学模式。以小组合作学习的形式进行阅读教学，既可让小组成员在互相比较中进步，也可让优生帮助差生，让同组组员在学习过程中互相学习，互相促进，共同成长。下面简单谈谈在翻转课堂背景下小组合作互助学习模式在语文阅读教学中的运用。

（一）构建班级成长共同体

构建学生成长共同体即组建合作学习小组。分组是合作学习的基础。为了充分发挥学生个体及学习小组的优势，培养学生集体荣誉感，增强班级凝聚力，加强同学间讨论交流，我们按照"组内异质、组间同质"的原则进行分组，把班级学生分成 10 个学习小组，每组 7 人，以围坐的形式编排座位，保证一个小组内的学生各具特色，取长补短。各组选出品学兼优的学生担任组长，明确组长的职责，各组设计自己的组名、口号，创设一种只有小组成员共同合作才能达到个人目标的合作模式，小组成员不仅要努力争取个人目标的实现，更要帮助小组同伴实现目标，通过相互合作，小组成员共同达到学习的预期目标。

小组合作学习中，小组长的作用是十分重要的，小组长必须是一个组织者、领导者和协调者。因此为了实现有效管理，并顺利开展小组合作学习，必须加强对小组长的培训。首先，制定小组长的工作职责，让小组长明白自己不但要积极主动参与合作学习，更要协助老师落实小组学习任务，调动组员的学习积极性，率领本组组员，明确学习目标、学习任务，把学生组织起来，给每个组员合理地分配适当的任务；其次，制定合理的小组长管理方法，促进其管理能力的不断提高。

例如，我班第六组的同学在组长的带领下，给自己的小组取名叫"雨澈"，他们编撰的作品集叫《青阳》。下面是他们撰写的组名及作品集名称的解说词。

雨澈，可以分为两个层次。第一，"雨"。雨是透明的，看得见，摸得着。雨可以在干旱的时候给农作物带来水分，使它们成长；也可以在夏天的时候，给大地上的生物带来清凉和滋润。第二，"澈"。是"清澈"，没错，和清澈有关。前面说到雨，想想看，下雨的时候雨滴落在地上，或是说在你听来，下雨的时候雨的声音是不是清澈的呢？我们组取这个名字是觉得我们的作品可以像雨一样使阅读我们作品的人感到心情舒畅，心里很愉快；也希望可以像清澈的雨声一样，虽然并不出众，但是可以触动读者的心灵。再来说说作品集的名字，青阳。可能很多人对这个名字感到很陌生。这个词语出自我们最喜欢的书《浮士德》，书中这样说："你们的存在，如万丈青阳。"一开始，我们也不明白这是什么意思，后来我们仔细阅读这本书，终于找到了答案："西方的诗人，把让人感到无比温暖的阳光叫作青阳。"把青阳作为作品集的名字，和我们组的名字有一样的寓意——希望阅读我们作品的人，可以感到无比的温暖，就像青阳一样。

这就是这个班级成长共同体智慧的结晶。

（二） 规范小组合作阅读流程

为了高效组织小组合作学习，规范小组合作流程，根据语文阅读教学规律，我摸索出合作阅读学习的结构模式，即明确目标——小组自学——合作交流——师生评价、达成共识。

（1）明确目标导向。小组合作学习有了清晰的方向，可以少走弯路，有的放矢。如教学《蔚蓝的王国》，在小组合作学习之前就提出了以下目标：①欣赏文章优美的语言；②感受作者美好的情怀。

（2）独立思考质疑。"语文学科作用于人的精神领域，其丰富的人文性决定了阅读是学生的个性化行为，教师要珍视学生的独特体验。"阅读是学生的个性化行为，我们应该尊重学生的个体体验。在合作交流前必须经过学生的独立思考，不能以合作学习代替自主学习。小组合作阅读学习之前的独立思考、提出疑问是必不可少的环节。

（3）组内讨论交流。在独立思考之后，学生有了对所讨论问题的理解，更有了自己理解之后提出的问题。这时的学生已到了"不愤不启，不悱不发"

的境地，小组讨论正是给学生提供了这样的机会。学生可以利用这个环节，表达自己的见解，提出疑惑。此时，必须给予学生充足的时间。尽量让组内的每一个成员都可以发表自己的意见，并提出问题，共同讨论解决。这是一个思想碰撞的过程。

（4）全班分享评价。在小组充分讨论交流后，每个小组派一个代表发表意见，每个学生都可以对各个小组的意见提出看法，这样可以促使学生迸发出思维的火花，小组合作学习的优势得到了充分发挥，学生能通过分享得到更多的学习成果，提高课堂实效。

重点培养学生的自学力、合作力、展示力，进行精细化管理，对教师、组长、组员分别提出了明确的任务要求。

（1）合作环节。

教师任务：①设置好有讨论价值的问题。②让学生明白合作的内容、方法。③巡视合作的进程，及时指导薄弱小组。

组员任务：①先独立思考，对讨论题有自己的初步想法。②然后是结对子交流，把自己不会或不明白的地方用双色笔做好标记，把自己的观点或疑问与结对子的同学进行交流。③接下来是小组交流，把与自己结对子的同学也解决不了的问题，进行小组内讨论交流。④优等生要耐心给潜能生讲题，潜能生要认真听，不懂的地方及时发问。⑤服从组长安排，做好小组展示的准备工作。⑥交流时声音适度，以双方及组内能听清为准，切忌大喊大叫。⑦小组交流起立时，不要拥挤；交流时如要离座，要把凳子轻轻放入桌下，便于交流活动正常进行。⑧交流时，鼓励畅所欲言、各抒己见的积极表现，避免缄默不语、人云亦云的依赖心理。⑨合作分工时具体明确，做到人人有事做，事事有人做，时时有事做。

组长任务：①保证全组所有成员认真参与合作讨论。②确定小组展示的分工。

（2）展示环节。

根据学生展示力，允许学生有不同水平的展示。展示层次依次为：读——背——说（说答案怎么得来的、自己是怎么思考的、中间遇到的挫折与困惑）。

教师任务：①鼓励不同形式或有创意的展示。②对展示者可采用追问的形式让其讲精确、讲明白。

组员任务：①展示要面向同学，有恰当的导入语，尽量采用较高层次的展示形式。②倾听者要认真倾听，发现问题及时质疑、补充；展示者要虚心听取别人的评价意见；点评者要先讲优点再委婉说出别的不足。③对有价值的展示内容，快速做好课堂笔记。

组长任务：①选派展示或点评选手。②鼓励潜能生大胆展示。

我们欣喜地看到课堂教学显新貌——课堂上"一言堂"的现象消失了，"众议院"的情景出现了。这种景象不是那种形式上热热闹闹的花架子，而是智慧与智慧、心灵与心灵在交流碰撞。教师积极鼓励学生大胆质疑，大胆表达，教师成了学生忠实的"听众"。民主、平等、和谐的师生关系，使课堂上一片"生机盎然"。

（三）强调合作阅读 "三要" "三会"

孔子曾经说"三人行，必有我师焉"，又强调"独学而无友，则孤陋而寡闻"，说明了相互切磋技艺、交换心得的重要性。对此，我不断完善合作阅读学习的方法，使学生学会合作，爱合作，培养学生的合作意识与团队精神。我认为要从教师、学生的层面分别强调合作阅读的"三要""三会"。

1. 教师三要

一要构建适合学生合作学习的环境。营造轻松快乐的学习氛围，提高学生的学习兴趣。在合作学习的过程中，教师要创造良好的合作学习气氛，用各种适当的方式给学生以精神上的鼓舞，多一些理解、鼓励、宽容。在学生进行合作学习时，要为合作小组提供充足的时间，尽量让每个学生有表述的时间、质疑的时间、讨论的时间，让不同程度学生的智慧都得到尽情地发挥。

二要科学设计问题指明合作方向。没有问题的合作是盲目的合作，因此开展小组合作学习前，教师必须先设计好问题。问题要有适度的障碍性，富含一定的探究性；要能诱发学生思考、引发认知冲突、活跃学习气氛、产生合作需要。通过科学设计合作讨论的问题，把学生集中在问题周围，以问题引发学生思考、引领学生合作，让他们有话可说、有事可做，进而提高小组合作学习的有效性。

三要提高驾驭课堂的能力。学生的思维活跃了、开拓了，对老师驾驭课堂的能力、教学策略的准备也就提出了更高的要求。要求教师在备课时要充分钻研教材、挖掘教材，充分了解学生；要对课上所要解决的问题做一个估测，明确通过小组学习哪些问题是学生能自行解决的，以及在小组合作时可能还会遇到哪些问题。

2. 学生三会

一学会倾听。合作学习是一种表达和倾听的双向互动。倾听是一种能力，也是一种学习途径。在现实生活中，倾听是对说话人的尊重，耐心倾听更是一种人格修养。在小组合作学习过程中，要求学生专心听，听清楚组员所说的具体内容和主要观点；虚心听，不随意打断别人发言；耐心听，有耐心地听组员把话说完。

二学会交流。交流是学生发表意见、展示思考过程、相互理解、共同探究的过程。在小组合作学习的过程中，要求学生一要按照组长安排，做到有序交流；二要做到完整交流，要把自己的想法、思路、疑问说完整；三要做到有条理，交流时做到有前有后、有理有据。

三学会评价。学生之间的评价交流，有利于促进学生发展。要懂得系统全面地接收组内每个成员的意见，把组员想法与自己想法进行碰撞，自觉吸收正确的思想，再融合进自己的思想中，最终对自己、对他人的课堂表现能形成全面、完整、正确的评价。

小组合作互助学习模式的构建，提高了语文阅读教学的实效，为学生提供更多的机会，让学生成为学习的主体，课堂上的生生合作、交流讨论、自由争辩，给学生提供充分展示自己的机会。学生在合作学习过程中培养的创新精神和实践能力，为终身学习打下了坚实的基础。

参考文献

[1] 伍新春. 合作学习 [M]. 北京：北京师范大学出版社.

[2] 杜萍. 有效课堂管理：方法与策略 [M]. 北京：北京师范大学出版社.

浅谈翻转课堂中的几个关键环节

海口市第九中学　邢美燕

摘要： 翻转课堂一改传统教学的模式，将"先教后学"转变为"先学后教"，在真正落实学生的主体地位的同时，更能加强师生之间的沟通交流。然而需要注意的是，翻转课堂不能只是简单地把视频、导学案等学习任务发给学生，随后教师在课堂上讲解即可。海口九中根据学生的学情特点，基于大数据时代下的技术支持，借助数据分析并合理应用到教学中，实践出符合自身需要的"智慧课堂"。本文从教学实践出发，谈谈把握智慧课堂的关键环节。

关键词： 翻转课堂；智慧课堂；大数据；学情分析；前置任务

翻转课堂一改传统教学的模式，将"先教后学"转变为"先学后教"。但是翻转课堂不能只是简单地把视频、导学案等学习任务发给学生，随后教师在课堂上讲解即可，而应根据学生的学情特点，基于大数据时代下的技术支持，借助数据分析并合理应用到课堂教学中，这便是"智慧课堂"。我校从2016年秋季开始和北京四中网校合作，开展智慧环境下的"335"翻转课堂实验，至今已有五年。本人参与学校智慧课堂管理的同时又是实验教师之一，在见证学校智慧课堂成长的过程中有些感悟，下面与各位分享交流。

（一）基于学情的课前任务设计

翻转课堂的亮点是以学生为主体，贵在"先学后教，以学定教"。顺利有效地完成一堂课，应从"先学后教"的"学"开始。所谓"学"，是指学生课前的自主学习，即学生根据老师课前在平台上推送的任务，以明确的学习内容、学习目标、学习方法、学习时间为导向，确保"学"的有效性，以此决定老师"教"的效果。课前任务的设计可依据以下三个原则。

1．新旧知识的衔接

与本节课内容相关的原有知识，有部分学生已经遗忘或者模糊，因此在课前自学任务中要重视学生对原有知识的回忆与复习，使学生能够自我体验原有知识到新知识的迁移过程，搭建新课模型，为解决新课问题搭桥铺路。

2．自主学习任务分层推送

基于学生原有的基础知识、学习能力、学习态度、情感交流都不同的情况，课前任务一般推送 2～3 个为宜，形式以微视频、导学案、课前小检测为主。微视频可依据讲解的详细程度、内容要求的深广度分层布置，导学案中的问题和练习题则以数量和综合性区分布置。

3．利于确定重难点

确定一节课的重难点，首先依据教学目标，其次依据学生课前的自学掌握程度，因此课前任务的布置要利于学生自学后能够找出这节课的重难点。

（二）基于数据分析的合理应用

要实现信息化技术与教学的有效融合，需要整合平台生成的数据，利用优质资源提高课堂的教学效率。

（1）科学分析前置任务生成的数据。我校的智慧课堂是课前学习加课中探索，老师课前推送学习任务，学生按照要求在规定时间内完成，随后老师登录平台查看学生完成任务的数据。前置任务数据主要从两方面进行分析——整体性和个体化。整体性是指班级全体学生完成所有任务的情况和完成题目百分率的高低。先查看班级学生完成所有任务的情况，找出未完成任务的学生，了解学生学习层次类型，分析未完成的原因是学习态度差还是学习能力弱等。学习态度差的可以经过平台沟通交流解决，学习能力弱的可以采取线上一对一辅导或小组合作。接着逐题分析所布置题目的正确率，正确率过低或过高的要看题目难易程度，若题目难易程度符合教学目标，正确率高说明学生该知识点自学效果好，正确率过低可确定该知识点为难点。个体化分析就是学生完成任务所需时间和每一个学生的错误点，尽量通过平台进行交流与辅导，再重新收集数据，综合分析新旧数据进行二次备课，整合课堂设计，精准解决重点，突破难点。

（2）合理分析课中互动即时生成的数据。在我校"335"翻转课堂模式中，聚焦问题、合作释疑、展示交流这三个环节会有互动、抢答生成的新数据，教师要准备应对策略，可结合学生的情感分析在当堂课灵活调整，重新设计问题，催化智慧课堂高效生成。

（3）综合提炼检测提升中的数据。我校翻转课堂的最后一个环节——利用平台进行检测提升，一般在本节课结束前 8 分钟时开展，完成题目的时间一般设置为 3 分钟左右，可分层布置检测题，也可以分层设置要求，根据学生不同的学习层次设定不同的目标，可以充分调动学生的学习兴趣，提高学生的学习热情。课中检测提升的数据是该节课学习效果的反馈，更能准确分析学生的课堂学习效果，结合之前的数据，科学研判并调整下一个教学环节。

（三） 基于交流合作的设计

翻转课堂自学环节中学生学到的是表层化的知识，是零碎的，需要课堂上通过教师的引导以及小组合作的互帮互助，整合和内化，使知识系统化，主要在课中的合作释疑和展示交流这两个环节中完成。因此在二次备课中的教学设计要遵循以下三点。

1．利于思考互动

依据自学数据的学情分析，明确学习目标、学习内容，设计的问题能够促进师生互动、生生互动，营造出生动活泼的课堂氛围，形成有效的合作学习。因此，可从以下三方面做起：

（1）以中等学生的认知水平为标准，分层设计问题；

（2）以中等学生的认知水平为参照物，预估学生合作学习所需要的时间；

（3）科学分析学情，预留需要教师参与合作讨论的时间。

2．针对性提问

结合前置任务的完成情况，对于所有学生都能回答的基础知识，可用平台点名的功能提问；中等难度的知识可在学生讨论交流后，先以线下举手点名的方式提问中等生，后用平台抢答功能由优秀学生补充完善；偏难的问题则在平台由已经掌握的学生抢答，这样全体学生都将能获得课堂展示的机会。

3．小组合作展示

合作释疑环节中，教师根据学情给小组分配不同的问题，组员在小组长的带领下合作，讨论、解决问题，统一意见并形成答案，确定小组代表发言展示。

4．教师适时介入

翻转课堂教学容易走进一个误区：在小组合作过程中，学生积极地投入小组讨论中，而教师却在教室里悠闲地走动，和教室里的气氛完全不搭调。因此，教师应把握及时介入小组合作的时机，以便更好地参与到学生的合作学习活动中。

（四）　基于评价的课堂管理

1．归纳与小结

在小组合作教学中，要重视学生学习互动的过程，但不能忽视小组合作讨论的成果，此外，还要对学生合作讨论的结果进行科学归纳与小结，让学生觉得自己的小组合作学习有意义，促进小组合作学习的兴趣。实际上，从学生的小组合作学习成果中，教师能够发现一些对今后教学有价值的问题，以改进今后的教学方式，并对学生的学习进行有效指导，从而使"小组合作"教学更加有效。[1]

2．评价与激励

新课标指出："学习评价的主要目的是为了全面了解学生学习的过程和结果，激励学生学习的兴趣并改进教师教学。"由此可见，评价对于课堂教学具有重要的作用。第一，在学生展示后，不能简单地说"好""对""错"等，而是对学生回答中的精彩之处加以点评，若学生的答案是错的，但是思路或方法有新意的地方也要给予肯定。第二，在小组合作活动结束之际，教师要对各个合作学习小组做出一个合理的评价。因为在小组合作过程中，小组的每一位成员都参与了合作学习与讨论，小组长的回答代表着该小组集体智慧的结晶，而并不是一个人的功劳。所以，在评价时，要针对所有成员的合作参与情况来进行评价，以此鼓励学生在小组合作中做到互相帮助、团结一心，避免一些基础比较差的学生遭到冷落。这样，无论是尖子生还是学困生，都能从教师的评价中受到鼓励，使他们更加乐意参与到今后的小组合作学习中来。[2]

总之，要做到信息技术与教育教学融合创新，实现翻转课堂到智慧课堂的真正转化，要把握好关键环节的展开与落实，需要我们不断地探索、总结、再探索，任重而道远。

参考文献

[1] 李玉坤. 新课标下初中数学合作学习探究 [J]. 考试周刊，2008（11）：87.

[2] 樊兰蓉. 初中数学课堂小组合作学习有效性的教学策略 [J]. 数学学习与研究（教研版），2009（09）：31 + 33.

翻转课堂在初中文言文教学中的运用

海口市第九中学　周曼雯

摘要：（1）文言文教学形式的翻转。①观看微视频，辅助学生预习。②布置针对性练习，完成导学案。（2）文言文教学角色的翻转。①教师由"知识传授者"翻转成"学习促进者"。②学生由"被动接受者"翻转成"主动探索者"。（3）文言文教学评价的翻转。反馈深化，拓展延伸，完善评价制度。

关键词：翻转；文言文；教学模式的创新

文言文是中华民族珍贵的文化遗产，承载着古人对宇宙自然、人类社会及人生的思考，蕴含着圣贤先哲们博大精深的思想。《义务教育语文课程标准（2011 版）》指出：诵读古代诗词，阅读浅易文言文，能借助注释和工具书理解基本内容，注重积累、感悟和运用，提高自己的欣赏品位。由此可见，文言文教学在初中语文教学中的重要性。

随着课改进程的推进，初中文言文的阅读量虽有所增加，但文言文教学中"教师辛苦教，学生害怕学"的现状仍然存在，初中文言文教学存在的主要问题有：第一，教师教法机械单一，导致学生厌学。新课改以来，虽然教师已开始关注对学生能动学习、合作探究等能力的培养，但在文言文教学上仍遵循以往的"字词串讲，逐句翻译"的教学思路。许多教师在课堂上逐字逐句地翻译课文，学生则被动机械地做着重点词语笔记，课后学生再根据文章注释或教辅材料连缀成句，并死记硬背下来。久而久之，学生就会觉得课堂缺乏情趣，学习索然无味了。第二，在应试教育下，评价学生的方式过于单一。在中考指挥棒的指引下，许多教师将文言文的教学重点放在了如何传授并巩固知识点上，以每次考试成绩作为评价学生学习成效的依据，忽视了学习方法的引导和兴趣的培养。长此以往，便削减了学生课前自主学习探究的热情，学生仅仅依靠课堂笔记和课后练习，则不易于形成独立的阅读能力。

初中文言文教学方法与模式亟须改进。翻转课堂这种新型教学模式的出现或许能为初中文言文教学开辟新的局面，为教师提供更多的教学参考。

传统的初中文言文教学在教与学的关系上，过分关注教师的主导地位，忽视了学生的主体地位。在教学方式上，大部分教师采取的是串讲加上相应古代汉语知识介绍的教学方式，重在知识传授，轻视对学生自主学习能力的培养。这种教学，只狭隘地关注文言文知识的储存，忽略了对学生独立阅读文言文能力的培养，以及对古代历史的深度体会。要改变文言文教学的这种状况就要树立以培养学生自主学习能力为核心的教学观念，并以此为出发点，重新设计教学方法，才能真正提高学生学习文言文的兴趣，提高文言文的教学质量。鉴于此，翻转课堂应用于文言文教学就成了应有之义，也能轻松打破时代久远的文言文与现代学生的沉重的隔阂，引导学生轻松自在地学习文言文。以下作者就结合翻转课堂在初中文言文教学运用中的实践经验，简单探讨一下在初中文言文教学中应用翻转课堂的积极意义。

2016 年 9 月，在海口市美兰区教育局的关心和支持推动下，海口九中作为海南智慧课堂的先行者，组建实验班。从最初的提高阅卷效率到挖掘数据价值、诊断分析问题，再到利用大数据"以学定教、先学后教"，九中在漫长而艰辛的摸索中制定出一套九中模式的"三翻三步五环节"智慧课堂教学模式。所谓的"三翻三步五环节"模式的翻转课堂，即在理念上，翻转教学形式、教学角色、教学评价；在操作中实施学生观看微课、学生完成导学案、教师做学情分析三个步骤；在课堂上体现在学情反馈、聚焦问题、合作释疑、展示交流、检测提升五个环节。

目前，各门学科都"八仙过海，各显神通"，在探讨翻转课堂的实践研究。而文科类课程尤其是语文课，需要教师在课堂上与学生进行思想、情感的沟通，翻转课堂的实施对于语文教师来说，的确是一项挑战。

因此，语文教师要挑选适合"翻转"的课程。文言文由于古今文字意义、文化背景、思考方式等方面存在着差异，若通过"翻转"，则有利于节约课堂时间，提高教学效率，激发学生学习文言文的兴趣。

（一） 文言文教学形式的翻转

传统的文言文教学，教师只注重文言字词的落实，传统的满堂灌，循循善诱，苦苦地讲解，学生按部就班地熟记与背诵，一成不变的学习方式，不能激发学生的学习兴趣，对经典的传承变成了一种煎熬。对于课后的练习，学生也只是抱着敷衍完成的心态，搬运工似地练习，不入脑也不用心地做作业，看似花了时间精力，但是所起到的效果微乎其微。而翻转课堂由原先的"课堂讲解＋课后作业"，翻转为"课前学习＋课堂探究"，就起到了很好的效果。

1. 观看微视频， 辅助学生预习

教师根据本班学生的学习特点、认知水平，选择微视频，在视频中要体现本课的重难点，并辅以有针对性的讲解。如果自己录制视频，教师还必须考虑到内容是否合理生动，信息是否清晰明确，能否激发学生学习的积极性，能否让学生集中精神进行自主学习等。此外，针对性练习的设计也是很重要的一个环节，它可以检测学生在观看了教学视频后是否理解了内容。教师设计时要考虑练习的数量与难易程度，只有合理的设计才能有效引导学生发现问题。

以《小石潭记》的教学为例，微视频展示要紧扣文言文学习的重难点，要让学生明白需要掌握的内容。首先，本课要求学生积累文言文基础知识，掌握常见的文言实词、文言虚词的意思，古今异义、通假字、词类活用等。在微视频展示中，教师要引导学生重视字词的归纳、总结、积累，可以先示范归纳出关于"以""可"等词的意义和用法，然后要求学生根据教师的归纳方法，尝试归纳文中的重要实虚词，如"为""清""差"等词的意义和用法，并联系学过的知识点，进行对比整理，继而梳理文章中的词类活用、通假字、特殊句式等知识点。其次，在理解重要知识点的基础上，在微视频中，教师要选择重要的语句指导学生翻译、朗读示范，并根据文章的重难点布置个性化思考问题，以帮助学生梳理文章脉络、理解文章中心思想与情感。

2. 布置针对性练习， 完成导学案

为了激发学生的学习兴趣，培养学生自主学习的意识和习惯，导学案立足于本班学生的实际情况，突出学生的学习主导性。要真正提高学生课堂学习的效率，使导学案真正成为引导学生学习的帮手，科学合理地设计导学案必不可少。教师在编写导学案时宏观把握教材和考点，根据教学目标和教材内容设计针对性问题，包括把握课时重点是什么，考点是什么，要求学生掌握什么，教师应如何阐释等，这样才能给学生更有效的指导。让学生做好课前预习，为课堂讨论和课堂展示做准备。并通过导学案设计新题型，提出新要求，让学生思考和探究。

例如：在设计《论语》十二章的导学案时，教学难点为学习重点文言词语，解读各则语录，能用现代文翻译课文。所以在设计问题时，有解释重点字词，如"不亦说乎""人不知而不愠"；有翻译重要句子，如"有朋自远方来，不亦乐乎?""温故而知新，可以为师矣"等合作探究的题型。

文言文的导学案应该根据总体思路，在学生有所准备的前提下，有效地、循序渐进地加以推进。不但要扎实字词，更要对文本有深入的理解。例如在设计《论语》十二章的导学案时，教师可以根据学生课堂学习的状态，采取一种"追问"的推进形式，在"品读课文，句段赏析"环节上设计"'为人谋而不忠乎? 与朋友交而不信乎? 传不习乎?'三个问题能不能互换位置? 为什么?"这样的问题，从而最大限度地调动学生的课堂参与度，提高课堂学习的自主性。

（二）文言文教学角色的翻转

1. 教师由"知识传授者"翻转成"学习促进者"

翻转课堂模式的运用正推动着新的课堂改革，它将促使教师转变教学观念，以便适应学生的个性化学习。语文教师要转变对学习的认识，就要优化"教"与"学"的内容，积极探索"应以什么样的内容与形式进行因材施教"。在具体教学中，有些学生的文言文基础较好，有些学生较弱，对于翻转课堂，教师就不需要按照传统的教学方法简单地重复某一知识点了，而要分类归纳问题，并使之被逐一灵活解决。这既能拓宽基础好的学生的知识视野，又能照顾到基础薄弱的学生，有利于激发他们学习文言文的热情。

教师确实是也只能是学生学习的促进者和帮助者，而不是占有知识的传经布道的"圣人"。如何真正做一个促进者和帮助者? 对于课前学生的自主学习，教师的任务是帮助学生建设资源包，准备教学视频、导学案，挑选内容匹配的、起到强化训练作用的测试题来检验学生对学习内容的掌握情况。网上资料多，良莠不齐，教师要进行前期阅读，比较、选择、删改、整理，交给学生的资料一定是充分的且必要的。对于翻转课堂教学，由于内容和方式都不一样，重在讨论交流，会有更多内容的生成，教师的任务是有更多的预设。翻转课堂会大大增加教师的备课内容、工作量和工作时间。

教师一定只是学习活动的组织者和主持人。如何有效地组织和主持活动，如何鼓励学生参与，如何帮助和促进学生学习，也是必须要不断学习并熟练运用的。组织课堂活动（如比赛、辩论等），调控课堂气氛，鼓励参与，把握进程，这些将是最大的挑战和经常性的活动。教师必须要调动和维护学生自主学习的积极性，让学生掌握学习的策略，为学生整个学习过程提供帮助。其中，组织者和主持人的角色能力可能是老师较为缺乏的。

2. 学生由 "被动接受者" 翻转成 "主动探索者"

（1）有利于唤醒学生学习的内在动力，推动学生的个性化学习。

联合国教科文组织在《学会生存》一书中提道："未来的学校必须把教育的对象变成自己教育自己的主体，受教育的人必须成为教育他自己的人。"翻转课堂的核心就在于"先学后教"，推动学生的个性化学习，这样的教学方式更符合教育规律。学生学习的真谛在于自身的思索与领悟，通过反复观看教学视频来积累"素材"，探索并发现文言文中的词类活用、特殊句式、翻译等规律，把知识内化成自身智慧的一部分。

（2）自主学习确定问题，合作探究解决难点。

翻转课堂的一大特点在于利用前置学习调动学生学习的能动性，让学生变被动接受为主动学习。由于学生的学习能力存在差异，在视频观看的过程中，或多或少地会产生不同的疑问。教师要善于利用网络技术，随时与学生进行交流，给予学生有效指导。

在课堂上，学生之间讨论的气氛也十分活跃，大家心情畅快，或面红耳赤地进行难点争论，或心平气和地进行疑点讲解，或条分缕析地进行问题解剖。大家都积极参与问题的讨论，可以受到更多的启发。教师根据课后布置的巩固性练习题的完成情况来看，学生对知识的掌握和理解情况都非常好。每个人学习的机会和时间都是平等的。在这种和谐、宽松的课堂氛围中，学生得到了尊重，同时思维能力和语言表达能力都得到了锻炼。

再以《岳阳楼记》的教学为例，学生参照已有的导学案，通过课前个体学习或自主课堂中的组内活动，把梳理的知识点以及提出的疑问反馈给教师。第二堂课中教师汇总典型问题，确定授课目标与方法，指导学生以对话或讨论的方式开展小组探究活动。在基础知识方面，教师通过投影展示出"开""和""空""之""于""其""与""则"等词的实虚意义，以及词类活用、通假字、特殊句式等重要知识点，与学生自学成果进行对比、修改。学生再做笔记，巩固基础知识。在文章的语意分析上，教师根据学生反馈的难点，指导学生根据语境，尽量做到"直译"，并注意重点实虚词、重点句式的翻译，不能死抠语法。教师也可以在视频中展示文章译文，力求每位学生都能对文意融会贯通。在文章结构与主旨情感的理解上，教师可以声情并茂地为学生讲解文章的写作背景、作家的生平经历等内容，以启发学生深刻理解文章名句内涵。

（三） 文言文教学评价的翻转

反馈深化，拓展延伸，完善评价制度。

翻转课堂的意义在于让学生个性化发展，促进学生学习的积极性，想要全面理解文章，教师还可以从朗诵入手，下载文章的经典朗诵片段，让学生模仿朗诵者的情感，融情入境，进一步体会文中作者写这句话是无奈还是向往的情感，进而熟读成诵。

在学生全面理解文言文内容的基础上，教师可引导、归纳、总结出文章的知识点，并与学生分享学习方法。文言文需要反复朗读，教师可以下载经典的朗读微视频，让学生在跟读模仿中享受语言的美感，进而熟读成诵；要勤查古汉语词典，掌握文言基础知识；要知人论世，抓住文中的关键句、抒情句、议论句，以更好地理解文章宗旨。

同时，利用网络平台布置拓展练习，进一步检测学生对文言文重要知识点的掌握情况，并及时对练习中出现的问题进行指导与讲解，帮助学生完成课内知识到课外知识的延伸与积累，促进文言文知识的内化。

有效调动学生学习文言文的积极性，除了要教会学生扎实、能动地学习外，教师还需完善评价制度。练习检测可以看作纸质式的传统评价，有些过于单一，无法全面调动学生学习的积极性。翻转课堂的评价体制有别于传统课堂，不单单考核学习成绩，更要考核学习过程，注重学生在自主学习、小组合作、成果交流表达、时间计划等方面的表现。既要放手让学生自主去探讨，又要有原则性、有重点地指导，目的就是要教会学生学习的方法。古人云："授之以鱼，不如授之以渔也。"学生学会了读书的方法将会终身受益。教师要为学生建立学习档案，记录学生学习过程中的点滴进步与闪光点，实现学生自我评价与他人评价的良好结合。

翻转课堂作为一种新的教学模式，为我们的传统教学带来了新的参考。目前，我国很多学校的教育工作者都进行了翻转课堂的探索与实践，有人赞成，有人担忧。许多语文教师的困惑是：教师能否胜任翻转课堂，翻转课堂的效果能否超越传统课堂，学校的教育环境能否为翻转课堂提供网络技术支持，如何切实评价学生等诸多问题。面对翻转课堂，我们必须看到，任何一个新事物的出现，都有其利弊，如何扬长避短、优势互补，让翻转课堂为我们的教学服务，这才是值得我们深思与探究的问题。

参考文献

［1］姜广平. 缪斯归来乎：关于当下中学文学教育的思考［J］. 江苏教育，2013（10）：6-8.

［2］林文金. 微课在初中文言文教学中的应用［J］. 教师，2018（08）：39.

构建 "以学生为中心" 的翻转课堂教学模式

海口市第九中学　曹文娟

摘要： 翻转课堂教学，可以说是当今最先进的教育方式之一，它是一种以学生学习为中心的教学方式，但身边的翻转课堂，很多只是为了翻转这单一的目的，忘了课堂的本真，未能真正实现以学生学习为中心，如能充分发挥学生的主动性，以学生为中心，将极大地提高翻转课堂教学的效率。

关键词： 翻转；课前设计；合作；问题策略；有效

针对传统教学模式存在的不足，1952 年美国学者卡尔·罗杰提出了"以学生为中心"的本科教学理念。翻转课堂有效地增强了学生对他人的了解和对相互依存的认识，更好地体现了"以学生为中心"的课堂实质。翻转课堂教学中，师生角色发生了一定的改变：教师是学生的主要向导，甚至还会共同学习、共同探究；而学生是课堂的主导，是课程的实践者，是问题的发现者，甚至还是问题的解决者。翻转课堂改变了以往的"先教后学"和"教师问—学生答"这种较为刻板的教学模式，转变成了"先学后教""以每位学生为主"，使课堂教学更加符合素质教育中实践与创新的要求。

但要把翻转课堂的学习方法运用得淋漓尽致，不是一朝一夕就能达到的。日常教学中，课堂气氛表面上是沸沸扬扬，但没有真正解决学生出现的问题，更别谈做到以学生为中心。学生的实践能力，创新能力，对问题的分析解决能力都没有得到提高。"翻转"也未能收获预期效果。通过一段时间的摸索，我得到不少收获，我认为构建以学生为中心的翻转课堂模式应做到以下几点。

（一）　体现以学生为中心的翻转课堂设计策略

1．重视课前任务，　强化预习效果

传统课堂也会注重预习工作，但是翻转课堂的预习工作又显得尤为重要。教师不单纯让学生完成某一项练习或者看几页课文，这样的预习可能是统一而缺乏规划的，并没有让学生真正做主。翻转课堂的前置学习任务针对课程重难点有针对性地让学生提前学习，不只让学生去看资料或视频，重点要让我们的任务符合学生的学情，根据学情的不同，任务还可以进行有效分级。比如，我们布置看书任务然后完成相应的练习，练习中要涉及不同层次的学生，有的学生可以做出一道思考题，而有的学生可以做出更多，我们可以将其区分开来。有的教师在布置课前作业时就仿佛是设置了游戏的关卡，完成一道题就是闯一关，学生可以根据自己的情况完成闯关，以得到相应的加分。这样的做法大大激励了学生自学的热情，也照顾到了不同层次的学生。而对于他们的完成情况，教师要给予适当的肯定，不能按完成的量作出评价，而要根据学情作出合理的评价。这是以学生为中心的一大保证。

2．关注课前任务，　问题解决有策略

如果翻转课堂的前置任务，学生觉得有点难度或者不会做，也没有关系，因为前置任务主要是为了了解学生学习过程中存在的问题。学生的课前作业都会通过学习平台反馈给教师，教师会根据学生的完成情况有针对性地进行二次备课，围绕学生存在的问题找到更好的教学突破口。教师在翻转课堂中的重点已不再是讲授新知识，而是集中时间解决学生课前学习过程中存在的问题，提高了课堂的效率，也培养了学生自主学习探究学习的能力。

另外，教师会将学生的部分解答，在课堂讲解的过程中展示出来。这不是教师提前准备的也不是课本中存在的，是来自班里同学的真实习作，在讲解中相信更能引起每个学生的重视。学生会觉得，这虽然不是我做错的，但是有同学写错了，我也可能会犯这样的错误。

讲解之后，课上的检测必不可少。对于学生出现的问题，有针对性地解决，有针对性地检测巩固，进一步帮助学生消化吸收，答疑解惑。重视翻转课堂的课前任务，为课堂讲解的实施，教学效率的提高，都打下了坚实的基础。

这在传统的预习中是很难体现的。

3. 完善学习评估，及时反馈学情

为了更好地了解学生的掌握情况，教师可以采取多种形式对学生进行学习评估，上文说到过的课堂检测就是其中一种，另外还有提问、撰写反思、学习小结等方式。

我一般会在课程讲解后对学生进行一个小检测。这个时间周期是根据需要来进行调整的，可能是每周一次，也可能间隔更久。这个检测题量不可太多，仅以了解情况为主，这样的好处是，能促进学生的理解与掌握，加强不同版块知识之间的贯穿与联系，教师也能更及时地了解到每位学生的学习情况，做到以学生为中心。

反馈，意味着教师需预留出与每个小组甚至是每个学生交流的机会和时间，提供必要的反馈和辅导，来支持学生自主学习活动的开展及综合实践能力的持续发展，这个环节是缺一不可的。在集体学习过程中，部分学生有时候没法紧跟步伐，如果教师能对这类学生多一些关注，做到以每一位学生为中心，翻转课堂将会取得更好的效果。

（二）合作与互助，在"翻转"中齐头并进

学习科学研究中有一种思路认为：当儿童积极参与共同体的知识建构时，他们对知识的理解会更深、更概括，学习动机会更强。"合作学习"是学生在小组或团队中为了完成共同的任务，而有明确分工的互助性学习。美国教育心理学家林格伦认为，学习是学生与教师以及学生与学生的共同活动，学习活动的目的不仅是掌握知识与技能，而且也是形成合作的交往关系。翻转课堂中合作学习环节，可以有效地增强学生对组内同学的了解和对相互依存的认识，小组成员之间的关系体现了现代社会需要的团队合作精神，在合作中既能够相互学习，又能够充分交流，用生生互助来代替教师的"单向灌输"，更能让学生有充分的主体意识，发挥学习的主观能动性。

1. 把握合作学习的时机

合作学习的关键在于，学生在某个学习环节中，是否有合作学习的必要，有是否有合作学习的可能。作为教师要抓住合作学习的时机，例如，当教师提

出问题后学生举手如林时，这时教师不能满足每一位学生发言的需要，可以让学生相互说说，满足学生倾诉的欲望。在教学《松鼠》一课时，课前学习中，我让学生观看小松鼠可爱的活动视频，然后写出对松鼠的基本印象，甚至也可以说说自己喜欢的其他动物。课上，我先让同学们将写下的短文做一个组内分享，再互相点评。结果学生们你一言我一语，看着彼此对松鼠、对动物的体会，有的产生共鸣，有的存在不解，组内互相点评的气氛热烈而融洽。接着，我适时让小组内推荐出一位讲得比较好的同学跟大家分享。发言的同学把自己所知的关于动物的知识描述得既详尽又细致。这样鼓励学生畅所欲言地说，给予了他们一定的展示机会，激活了学生对日常生活经验的提炼、概括，一定程度上提高了小组合作的实效，提高了翻转课堂的教学效率，也是学生发自内心的一种学习需要，真正做到了以学生为中心。

2. 把握问题导向，强化合作价值

由于学生提前自学和反馈，教师已掌握学生学习过程中所遇到的问题，教师依据教学目标以及学生课前自主学习情况反馈，精心设计合作学习内容。学习内容应具有一定的挑战性，是学生个体无法解决或者很难解决，但通过小组合作、共同探究可以解决的问题或者内容。教师将其转化为问题或者学习目标提出，适时组织学生进行合作探究，进而解决问题、深化认识。学生通过小组合作的形式实现知识分享、问题探究、互动学习。每个学生都能有所收获，得到发展。"三人行必有我师"，学生在小组合作学习中相互学习，相互补充；在思维互动交流碰撞中，可能会产生新的思维。因此，翻转课堂的合作学习尤为重要，每个学生都明确自己在小组中的角色意识、角色行为以及团队意识，更好地创建了以学生为中心的教学模式。

3. 各自准备，人人参与

翻转课堂讲究学生学习能力的提升，我们的学生在课前的平台自学、微课及任务单学习中，已掌握了部分知识，在自主学习的过程中，学生一般都会产生新的问题。课堂上教师要组织学生合作学习质疑问难、深度学习。学生通过合作学习就能解决的就让他们自己探究，教师只在关键处、疑难处"出手"，不愤不启，不悱不发。教师需在思维方式的建立、学习方法的指导上下功夫，培养学生自主学习的能力，尤其关注学习中弱势群体学生能力的提升。在翻转课堂的合作学习过程中，大部分的学生能够积极主动地参与到学习活动中，但由于学生的学习品质各不相同，可能会有少量的学生出现消极和偷懒的情况。在布置学习内容的时候，对于这样的学生，老师和组长应当让其明确个人任务，引导其发挥自己的主观能动性，并在恰当的时机予以鼓励，争取使每一名学生都能够尽最大的可能完成任务。尤其在结果反馈的时候，让后进生起来总结本组的精华和亮点，这样既反映了整组情况，又对后进生起到了促进作用，一举两得，全面施教。

（三）全面把握学情，均衡发展

无论哪种教学模式，学生的均衡发展、全面发展都是我们所希望的。但是均衡不仅体现在学生个体的发展层面上，更应体现在学生整体的发展层面上。翻转课堂的实践的确更能让教师走近学生，了解学生，了解他们的语文基础、学习状况、学习习惯和接受能力。并且，教师能够根据学生完成作业的不同情况，细致地作出关于学生认知能力的判断，因势利导，在二次备课中作出相应的调整，激发和调动每一个层次的学生学习的积极性和主动性，保证了以学生为中心的教学目的。

例如，在《语言医学院》一课中，我先让学生们看了有关修改病句的常见类型及修改方法的视频，之后我在线上布置了作业——修改10道病句题。之后我可以在平台上看到学生的答题情况，甚至对他们答题所需的时间都可以了如指掌。对于出现错误较多的题型，我在二次备课中会尽量给出更多的讲解。对于用时较多、正确率较低的学生，在课上可以给予更多的关注。其实在上文中也有讲过关注后进生的一些做法，但是这个全面的关注还是非常有必要提及的，我们的均衡发展以全体学生共同发展为前提，以学生为我们教学活动的中心。不仅仅关注后进生，也要关注学优生是否需要更高层次的提升；还要关注中等生，注意哪些方法便能使他们成为学优生……为了做到这一点，教师也可以根据观察到的情况与学生谈心交友，更好地走近学生，全面了解学生，打心底里以学生为中心，以全体学生为中心，创设高效的翻转课堂。

"以学生为中心"的课程教学要坚持以"学生"为中心，但并不等同于以"学"为中心，进行课堂教学设计时必须处理好这个问题。学生才是课堂的主导，无论课前、课上或课后，我们都要充分发挥学生的主体意识，这样才能在保证学生学到知识的同时，更好地培养他们的综合能力和运用能力，为学生以后的学习、工作和生活奠定良好的基础。

参考文献

[1] 李嘉曾. "以学生为中心"教育理念的理论意义与实践启示 [J]. 中国大学教学，2008（04）：54–56.

[2] 李西顺. 翻转课堂的理论局限及功能边界 [J]. 现代远程教育研究，2018（4）：41–48.

[3] 苏叶和. 兵可为将：以学为中心在教学过程中的运用 [J]. 语文教学通讯·D 刊（学术刊），2015（05）：11–12.

基于 "翻转模式" 的智慧课堂案例研究
——以 "燃烧和灭火" 教学为例

海口市第九中学　陈翠

摘要： 翻转课堂倡导的是先学后教、以学定教、合作探究、展示交流、总结提升的教学模式。其核心的教育理念是教师聚焦学科核心素养进行深度备课，促进学生积极主动的学习方式的形成，达成学生学会思考、学会提问、学会学习的目标，使学生具备关键能力和必备品格。

关键词： 翻转课堂；以学定教；学习方式

（一） 有趣的前置任务促进学生生动活泼地先学

对于"燃烧和灭火"一课学生要先学什么？"燃烧与灭火"一课显性的知识线主要包括燃烧的条件、灭火的原理和方法、易燃易爆物的安全知识等；隐性的知识是学生通过燃烧条件的探究、灭火原理的分析认识到化学反应需要一定的条件，控制化学反应的条件可以控制化学反应，化学反应不仅会产生新物质，还会伴有能量的改变。方法线是学习运用控制变量法思想设计对比实验、研究化学反应、分析实验现象、完成数据推理的模型认知能力。情感线是要认识到火是一把锋利的双刃剑，人类社会的发展进步离不开火，失控的火会给人类带来灾难，但是认识了燃烧的本质后可以通过控制燃烧的条件来控制火以及掌握消防知识。本课分为两个课时来进行教学。

指导学生课前先完成我设置的以下四项任务。

任务一：结合生活经验并回忆学过的燃烧反应，根据模板绘出表格并填写，并拍照上传完成的成果。

事实或实验	观察到的现象	这些变化的共同点
蜡烛在空气中燃烧		
酒精灯在空气中燃烧		
煤气在空气中燃烧		
镁条在空气中燃烧		
木炭在氧气中燃烧		

任务一的设计意图：燃烧变化对于学生来说并不陌生，任务一引导学生把生活中及前面学过的一些燃烧变化和对燃烧的模糊认识引入化学学科学习，体现了化学与生活有密切的联系，新问题和新认知源自学生已有的知识基础，概念和知识是个螺旋上升不断发展的过程。运用学生已有认知撬动新思考，能激发学生的学习欲望和学习兴趣。

任务二：结合生活经验并回忆学过的燃烧反应，猜想燃烧需要哪些条件？并为你的猜想提供证据。拍照上传你的猜想及猜想依据。

任务二的设计意图：在任务一的基础上再引导学生自主进行深入思索，猜想燃烧需要的条件，并为自己的猜想提供证据。这能够培养学生的证据意识，使学生对燃烧变化进行深度的思考，丰富学生对燃烧的认识视角。

任务三：观看微视频《消防知识及常见灭火器的使用方法》，以思维导图形式梳理微视频中的知识及学习微视频内容的收获，拍照上传。

任务三的设计意图：消防知识，学生们在科学课上有所涉猎，在此将消防知识和常见灭火器的知识制作成微视频，课前让学生自学，并将自学成果以思维导图方式呈现，进一步深化使学生们掌握在火灾中自救的知识及安全用火和防火的本领。

任务四：一项实践活动——为家人烧制可口的菜肴，在烧菜过程中体验驾驭火的奇妙，激发探究兴趣。

任务四的设计意图：为家人烧制菜肴的实践活动能够引导学生近距离地体验火、驾驭火，感受人类利用燃烧获得能量的意义，激发学生在做中悟，迸发关于燃烧与灭火原理的深度思考。

（二）　有价值的前置任务反馈生成教学重难点

前置学习任务反馈情况，任务一：结合生活中见到的燃烧变化和回忆所学过的燃烧反应，归纳燃烧有哪些共同点。17% 的同学认为是放热；45% 的同学认为是放热、化学变化；38% 的同学认为是放热、发光、氧化反应。

分析：对于常见的燃烧变化的共同点，学生们的归纳很不全面，有待于在课堂中解决。

前置学习任务反馈情况，任务二：展示部分学生精彩的观点。

学生 1：我认为燃烧需要的条件是有一定浓度的氧气，有一定量的可燃物。猜想依据是，将带火星的小木条伸进充满氧气的瓶中，木条复燃，说明物质燃烧与氧气浓度有关。而将燃着的小木条伸入充满二氧化碳的瓶中，小木条熄灭，说明可燃物没有氧气无法燃烧。生活中煤气耗尽时，就停止燃烧，说明失去燃烧物后无法燃烧。

学生 2：我认为燃烧需要的条件是燃烧的物质必须是可燃的，如果不是可燃物，那么这个物质根本不具备燃烧的条件；其次，要有助燃物，比如铁丝在空气中不能燃烧，但在氧气中可以剧烈燃烧，因为氧气有助燃性。

学生 3、4：燃烧需要氧气。猜想依据是氧气有助燃性，且氧气和多种物质的混合物能被点燃。

学生 5：燃烧需要点燃，且有反应物。猜想依据是木炭在氧气中燃烧生成二氧化碳，硫在氧气中燃烧生成二氧化硫。

学生 6、7：燃烧需要有可燃物、助燃物和点火源。

学生 8：燃烧需要有可燃物，如氢气等；需要有具有助燃性的物质，如氧气等；必须要有高温，因为在蜡烛燃烧时会有烫的蜡油；也要有火，如在放烟花或点燃火柴时都需要打火机。

学生 9：猜想燃烧需要的条件有以下几个。

（1）可燃物：不论固体、液体还是气体，凡能与空气中氧或其他氧化剂起剧烈反应的物质，一般都是可燃物。

（理由：不可燃物不可燃烧。）

（2）助燃物：凡能帮助和支持燃烧的物质叫助燃物。一般指氧和氧化剂，主要是指空气中的氧气。

（理由：二氧化碳灭火器的原理就是利用二氧化碳来阻隔空气达到灭火的效果；熄灭酒精灯通过盖灯帽完成。）

（3）火源：凡能引起可燃物燃烧的能源都叫火源。

（理由：点燃酒精灯需要火柴或打火机等。）

学生10：燃烧需要有充足的氧气，温度需要达到燃点。一个物体在密闭的空间里燃烧，氧气消耗完了就熄灭了；在点燃时温度需要达到燃点，否则物体不会燃烧或者带火星，如摩擦生火。

统计数据显示2/3的学生认为，燃烧需要可燃物、助燃物（空气或氧气）；1/3的学生认为，燃烧需要可燃物、助燃物（空气或氧气）、火源或点燃。

分析：这两种观点中的区别是燃烧是否需要火源或点燃。火源或点燃是燃烧的必要条件吗？为了找到这个问题的答案，课中我设计了这样的学习情境，让学生试着用火柴的火去点燃木块，结果学生发现木块无法燃烧，为什么呢？

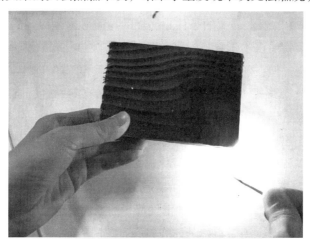

学生1：看来火源或点燃并不是燃烧的必要条件。

教师：那么我们可以用哪些方法让木块燃烧呢？

学生2：更大的火源。

学生3：还可以钻木取火，因为钻木做功使木块内能增大，以此使木块燃烧。

教师：更大的火源或钻木取火，其本质是改变了木块的什么？

齐答：温度。

通过共同的探索，学生们达成共识：燃烧的条件可能是可燃物、空气或氧气、一定的温度。

通过分析学生在课前先学中暴露出的认识冲突，课中创设真实情境引导学生层层思考、步步探索，将学习引向更深层次，从而达成对于燃烧本质的探究。

前置学习任务反馈情况，任务三：学生们提交了各式各样的自学成果，体现了学生对于微视频学习有浓厚的兴趣。

在分析了学生前置任务完成的情况后，制定了如下的教学目标。

1．知识与技能

通过实验探究认识燃烧条件和灭火原理，认识到化学变化需要一定的条件，控制条件可以控制化学变化；会运用相关的知识解释和解决在日常生活中遇到的燃烧与灭火的相关问题。

2．过程与方法

①通过对问题的思考，提出解决方案，进行实验的观察、探究和分析，学习对事实进行分析、得出结论的科学研究方法。

②在探究燃烧条件的过程中，学会梳理研究变量和控制变量，理解控制变量法的应用。

3．情感态度与价值观

①培养学生合作交流的意识和科学探究的精神。

②在探究燃烧条件的活动中，树立严谨求实的态度，培养创新精神。

③树立防火安全意识，培养关注社会的意识，激发学生热爱生活、尊重生命的意识。

（三）精彩的导入蕴含核心知识，点燃学生学习热情

火变玫瑰的精彩导入紧扣燃烧和灭火的核心知识，激发了学生的探究欲望。

导入环节的教学片段。

教师：火，自发现以来为人类作出了巨大贡献。用火可以烹饪美食，烟花燃烧发出的火光让夜空更美，火还实现了人类飞天的梦想；但是火也会使一片森林化为灰烬，失去控制的火会给人类带来灾难。面对像双刃剑一样的火，我们能不能控制它呢？请看老师的演示。

（教师演示一团燃烧的火焰瞬间变成一朵绽放的玫瑰花。）

学生齐答并不由自主地鼓掌：哇，太神了。

教师：火变玫瑰送给大家。此实验说明，火是可以被控制的。那火变玫瑰的奥秘又是什么？学习了燃烧和灭火一课后，同学们就能解释了。

反思：火变玫瑰带给学生们一片震撼，点燃了学生们深度探究的欲望，更令人振奋的是，在课堂的小结环节，学生们争先恐后地对火变玫瑰进行揭秘，学生们能够灵活地运用本课所学到的燃烧的条件和灭火的原理解释神奇的火变玫瑰，学以致用、首尾呼应，使学生升华了自己的认知。

（四） 有效的小组合作破解重难点

透过解析前置任务和层层引导点播，学生认识到燃烧的发生需要可燃物、助燃物（如空气或氧气）和一定的温度。但是这三个条件是如何影响燃烧的呢？

面对生成的新问题，我在课中引导学生运用控制变量的思想，小组合作，设计对比实验的方案，在控制助燃物和可燃物都一样的条件下，研究温度与燃烧的关系，破解重难点。这是本课的又一个亮点。

大部分小组设计的方案是，在两支试管里放等量的白磷，然后同时分别放入两个装有等量热水和冷水的烧杯中。如图所示：

教师：大家预设一下，这个实验可能会产生怎样的现象？

学生1：热水中的白磷燃烧，冒大量白烟；冷水中的白磷没有变化。

教师：我们设计实验方案时要追求操作简便、现象明显、绿色环保。由同学所预设的现象来看，热水中的白磷燃烧，会冒大量白烟，为了避免白烟扩散到空气中，对上述的方案要进行优化。

学生2：在原来的装置上，各罩一个大烧杯，这样白烟就不会污染空气了。

教师：很有创意的改进。还有没有其他不同的方法？

学生3：在放白磷的两支试管上都塞上塞子。

学生4：在放白磷的两支试管上都系上气球。

学生5：我还有一种方法，不知是否可行，将两块等量白磷分别放入热水和冷水的烧杯中。

学生6立即反驳：这样不行，热水中的白磷接触不到氧气，不能燃烧。

学生5又急忙抢答：将两块等量白磷分别放入装有热水和冷水的烧杯中，然后再分别向热水和冷水中通入氧气。

学生7：当向热水中通氧气时，可能由于温度高导致气体向上走，实验不容易成功。

学生集体陷入深思，特别安静。

教师：同学们互相质疑、补充观点，思维发散、深邃，且充满智慧。化学是一门以实验为基础的学科,许多重大的发现都源于实验事实,同学们在优化实验方案时提出的想法都很简单易行而且环保。下面先请两名同学按下图进行实验研究,再请另一名学生当摄影师,将实验过程投到大屏幕上,让每一位学生都能清楚地观察到。其他同学要细致地观察,并记录所观察到的现象。

交流实验现象环节。

学生8:热水中的白磷燃烧,冷水中的白磷没有燃烧。说明燃烧需要一定的温度。

教师:更严谨的表述是怎样的?

学生9:在可燃物、空气相同的条件下,温度先达到燃点的先燃烧。

教师:这两位同学都能通过现象分析出各自的观点,很厉害。除了有助燃物、可燃物,燃烧还需要温度达到其燃烧的最低温度,这个温度被称作着火点。不同的可燃物着火点不同。接下来我们再验证刚才有争议的观点——向放有白磷的热水中通入氧气。

教师：同学们看到了什么？这说明了什么问题？

学生10：白磷在热水中燃烧，验证了我们的猜想——燃烧需要可燃物，空气，温度要达到可燃物的着火点，这三者需要同时具备。

教师：燃烧需要三个条件同时具备，所有化学反应的发生都需要一定的条件，我们可以通过控制化学反应的条件使化学反应的发生朝着有利于人类生产生活的方向，这就是化学研究最有魅力的地方。

我的思考：在课堂上，教师真的不要急于奔向你的预设和教学目标。当你关注到学生的学习状态时，留出时间、空间让学生们充分地展露其思考过程，并触发生生之间的思维碰撞，你会发现很多精彩的生成和富有创造性的想法，能更好、更深层次地达成教与学的目标，发展学生的创新能力。学生在建构概念、生成知识的过程中，掌握了方法，锻炼了能力，发展了学科素养。

翻转模式下的智慧课堂促进了学生学习方式和学习行为的改进，激发了学生对学习拥有高昂的激情和兴趣。课中真正凸显了学生是学习的主体，使学生能积极主动地增长知识、收获方法、发展能力、完善核心素养，成长为全面发展的人，这也是新课改所倡导的教育理念。在设计这节课时，为了使新课改理念能够在教学中落实，我致力于研究教师教学行为的改变。依据学情和学习内容，我创设了四项课前前置学习任务并利用"爱学"学习平台发布任务，要求学生们把自己完成前置任务的成果上传回"爱学"学习平台，两天后收集学生们提交的前置任务成果，发现任务一的完成率是94%，任务二的完成率是94%，任务三的完成率是100%，任务四的完成率是100%。目标明确、形式丰富、可测量的课前学习比以往让学生预习相应教材或预习相应教材完成课前导学案的方式更高效。形式多样活泼的课前学习，激发了学生的学习兴趣和探究欲。教师对学生完成课前任务的分析，找准了教学的重难点，然后进行二次备课。课中聚焦学生在课程前置任务中暴露出来的问题进行深入研讨、挖掘，并抓住学生在交流时闪现出的那些值得发挥的、能够引发学生创造性思维的话题，拓展到更深层次的知识。这样的学习方式就改变了以往上课时每个知识点都去讲、面面俱到、没有针对性、该深化的东西没有得到深化的局面。学生对知识的认知仅仅停留在表面，这样他们在考试中或是在解决实际问题时就不会灵活运用。

翻转课堂

——让我遇见更美的课堂

海口市第九中学　岳宗良

摘要： 进入信息2.0时代，信息化带动教育的现代化，已经是一个势不可挡的发展趋势。海口市第九中学在探索利用互联网、平板电脑的课堂教学实践中，形成了具有本校特色的"335"翻转课堂教学模式。本文通过结合部编版《道德与法治》九年级下册第三单元第六课"学无止境"的例子，展示要如何进行一堂"335"模式的翻转课，并研究在初中政治的翻转课堂教学中，教师要如何转变自己的角色，如何进行教学设计，如何确定教学设计背后的教学主张等问题，了解该模式对学生与教师的提升。

关键词： 初中政治；"335"模式；学无止境

题记： 从互联网新时代的角度看，教育行业发生了天翻地覆的变化，我们迎来了全新的教育教学模式——翻转课堂。

（一）认识翻转课堂

翻转课堂将课堂的关注点由"教师的教"彻底转变为"学生的学"。翻转课堂的教学重点在于在课堂上学生参与课堂讨论和学习，通过自身的学习与实践理清概念、知识难点和疑点，从而建构学习，发生学习，完成学习。在这一过程中，课堂从教师一言堂的枯燥授课中解放出来，教师在翻转课堂上变成了辅助者、观察者和课堂活动的组织者。

　　在 2016 年，教育部刚刚颁发《2016 年教育信息化工作要点》行动计划的时候，海口市第九中学就已经开始探索利用平板电脑，利用互联网，来进行翻转课堂的教学实践改革。其实，在最初接触翻转课堂时，我也曾经迷茫。什么是翻转课堂？要如何"翻转"？翻转课堂是否真能提升课堂教学效率？……这些问题也曾经盘桓在我的心头。

　　直到 2017 年 9 月，我校组织教师赴成都华西中学参加由中国教育协会主办的主题为"2017 年信息技术应用能力提高"的研修活动。第一次近距离接触翻转课堂，让我对翻转课堂实现了从"概念"到"形式和内容"的了解。这次活动，也让我在心里种下了一颗"尝试上翻转课"的种子。

　　2017 年 11 月，我在全校教学开放周上，第一次尝试翻转课堂的公开课，讲授的内容为部编版《道德与法治》七年级的课程——"家的意味"。这种全新的授课方式得到了学生的肯定和校领导的认可。这次尝试，更让我坚定了在"翻转课堂"这条道路上继续深耕的想法。几年下来，在全校教师的通力合作下，我校也探索出了适合我校学生特点的"335"翻转课堂教学模式。2018 年1 月，我作为海南省代表教师，参加了全国"'互联网＋'新课标背景下翻转课堂教学模式的开发和研究"活动，并进行献课；2018 年 10 月，我作为海南省教师代表，参加在成都举办的"2018 年中国基础教育信息化大会"，并进行献课；2019 年 12 月，我参加"2019 年中国基础教育信息化大会"，并进行献课……在不断的教学实践中，我也逐渐从一名翻转课堂的"雏鸟"，成长为我校信息化教育教学改革的骨干成员，也得到了越来越多专家与同行的肯定与鼓励。

　　那我们究竟应该如何进行一堂翻转课？在实践一线的翻转课堂教学中，教师要如何转变自己的角色？如何进行教学设计？这样的教学设计背后的教学主张是什么？教师有什么样的心路历程？关于这些问题，我也将从一线教师自身的角度出发，结合我校的"335"教学模式和我在"2019 年中国基础教育信息化大会"上进行的展示课"学无止境"为例，为回答上述问题提供一线实证教学案例，通过教学反思剖析普通中学翻转课堂教学过程中教师角色转变的过程及其实现效果。

（二）以"学无止境"一课为例，演示"335"翻转课堂教学

1. 前置任务的设计与安排

对一节翻转课而言，最核心的思维就是"先学后教"。让学生按照自己的学习进度自学微课，完成导学案，然后在课堂上与老师和同学一起解决疑难问题。翻转课堂效果好不好，很大程度上取决于学生前置任务的完成情况。只有高质量完成了前置任务，教师才能清楚地聚焦学生学习中的问题，高效地进行二次备课。

在翻转课堂教学中，我会提前一周发布前置任务，要求学生自主观看微课，并且完成相应的配套导学案。然后根据"爱学"网络平台对学生自学情况进行统计分析，从而确定本节课的学习难点和教学重点。

学生高质量地完成前置任务是一节成功翻转课的基础和关键，也是课堂授课"五环节"得以顺利开展的前提。

翻转课"学无止境"前置任务介绍视频截图

2. 课堂教学五环节

"335"教学模式，也称为"三翻三步五环节"教学法。对于课堂教学而言，教师们最关心的就是其中的"五"，即课堂教学五环节。它包括：学情反馈（先学后教）、聚焦问题（问题导学）、合作释疑（合作学习）、展示交流（积极展示）、检测提升（及时矫正）。接下来，我将结合九年级部编版《道德与法治》中"学无止境"的教学设计，介绍如何完成一堂初中政治翻转课，以及在过程中我的思考。

（1）学情反馈。

在学情反馈中，我会在全班进行前置任务完成率的展示，并对前置任务完成优秀的同学进行表扬，如下图：

图1 学情反馈截图

在课堂上直接进行学情反馈，将学生完成前置任务的情况进行展示，这样做的目的有以下两点。

其一，能提高学生前置任务的完成率。中学生由于其年龄特点，会格外在乎自己在老师同学心目中的形象。如果学生未能完成前置任务，就有可能在课堂上被老师点名。因此，为了维护自尊心，也能成为促进他们完成前置任务的内驱力。

其二，能提高学生前置任务的完成质量。通过在课堂上公开表扬前置任务完成优秀的同学，也能激发青春期孩子的好胜心和荣誉感，并以此来提升前置任务的完成质量。

（2）聚焦问题。

图2 单选题正确率统计

在学生完成教师布置的前置任务时，网络平台会自动统计学生在预习阶段错误率较高的知识点，因而帮助教师更好地聚焦问题，确定本节课的教学重难点。

通过这种方式锁定的教学重难点，更加符合学情。它不再是教案中千篇一律的说辞，而是根据不同的授课班级、不同层次的学生而各有不同。

对学生疑难问题的精准聚焦，可以大大提升课堂教学的效率。对于学生在前置任务中掌握较好的知识点，教师在课堂上可以少讲，甚至不讲；而对于学生在前置任务中所反映出的共性问题，教师可以设计更好的教育手段，在后续的合作释疑与展示交流环节中去突破。

（3）展示交流。

在"学无止境"这节课上，我让学生展示的是他们在前置任务中，观看教师推送的短视频，然后在网络平台上写下观后感。教师将写得较好的观后感进行截图，在课堂上，请同学朗读，再由其他同学进行点评。

刘昕昕	2019-12-08 21：24：38	每一个不曾起舞的日子，都是对生命的辜负。"视频中的老人年近七旬，却依然坚持学习，每天走几个小时的路去上学，不畏艰辛，不曾放弃。因为他想要成为人们的榜样，想让知识的光辉撒向人间。这位老人，用自己的实际行动诠释了学无止境的最好模样，用奋斗书写了自己的人生华章，给学习作出了温暖的脚注。当代年轻人应该学习这种学无止境的精神，不懈奋斗，做到真正的"活到老，学到老"

学生课堂展示内容截图

翻转课堂的展示交流与传统课堂有什么不同呢？我觉得区别主要有以下两个方面。

其一，视频从课上放到了课前，回答从即兴发言变成了课上阅读在前置任务阶段已经准备好的发言，大大加深了学生对问题的思考和回答的深度，可以自然地引出知识点。

其二，通过展示课前的思考成果，能够给学生强烈的课堂期待感。大多数学生会希望自己的观后感被老师选中，因为这代表了自己的思想被人所尊重和接纳。这样一来，他们在上课前，就会对这节课有强烈的期待感，课堂效率肯定也会有所提升。

（4）合作释疑。

在这一环节中，教师一定要选择同学们在前置任务学习时出现的最有代表性的共性问题。教师在课堂上，向同学们展示共性问题，让学生以小组为单位进行讨论探究，合作讨论结束后，再由各小组派代表将合作探究结果进行展示。在学生讨论过程中，教师应该融入学生中，听取他们的讨论内容，并在每个小组展示后，及时进行点拨。这样既体现了"学生的困惑由学生解决"，也发挥了老师的指导作用。

在"学无止境"这节课中，我展示的共性问题是："有人认为，许多老板小学没毕业，赚的比大学生都多；比尔·盖茨大学都没毕业，一样成为世界首富。所以，学习无用！"

教师在选择合作探究的话题时，既要贴近生活，又要有讨论价值，因为只有这样的话题，才会让学生有话说。通过这样合作探究讨论的方式，很容易把抽象的知识形象化，便于学生记忆和理解，而不是对知识点死记硬背。同时，通过小组开展合作讨论，可以充分发挥集体的智慧，学生在互帮互助中知识不断丰富，能力不断提高，情感不断升华。

（5）检测提升。

在"学无止境"这节课后一个环节，我让学生画下这节课的思维导图，对这节课的知识点进行最后的梳理。

通过这样的检测，让学生从知识层面简要回顾本节课所学的内容，便于学生对知识点的理解与记忆。

但是，在我看来，检测提升环节是比较自主的一个环节，如果我们课堂剩余的时间足够多，那我们在检测环节就可以做更多的题；如果我们在展示交流与合作探究环节花的时间过多，我们最后一个环节就可以简单一些，或者把部分检测提升的题目带到课下去解决。

（三）　翻转课堂对学生与教师的提升

1．完全以学生的活动贯穿课堂始终

在自学环节，学生以四中网校提供的微课，或者我校教师自己制作的微课，还有教师们研发的导学案为抓手进行自学，为学生自学能力的提高提供了平台。在课堂上，给学生大量的时间去展示、去讨论、去交流、去分享，每一环节都回归到让学生主导课堂，告别了过去"满堂灌"的授课现象。

2．体现了关注全体学生的生命成长

我们可以借助网络平台，把握我们每一个学生的预习情况。这样，我们在上课前，就能对班级学情有一个清晰的了解。甚至能提前提醒学困生完成自主

学习，在课前就为高效课堂打下基础。而且上课的展示分享环节降低了学生即兴回答问题的难度，让更多学生都能收获到成功的体验。

3. 重视提升学生的综合素质

这种翻转课堂教学模式，非常强调学生与同伴的真诚合作、认真倾听、热情鼓励。学生不再是竞争对手，而是协作伙伴。在协作中，学生可以学会正确评价自我，客观对待他人。自学能力、质疑能力、口头表达能力、与人沟通的能力都得到了显著提高。

4. 有效促进教师专业成长

翻转课堂对教师的信息化水平、学科素养、智慧点评等综合素质的要求更高了，更加促进了教师要不断学习，提升自我，主动成长。

（四） 对翻转课堂的反思

当然，翻转课堂作为一种新型的教学手段，在教学过程中，也会伴随一些问题的出现，比如：学生学习够自觉吗？学生学习时间够吗？白天的课挪到课下，对于现在就已经十分疲惫的学生会增加负担吗？学生这么学习能习惯吗？……这样的问题或许还有很多，如何解决这些问题也是今后我们要研究的重点。

未来已来，我们已经进入信息 2.0 时代，信息化带动教育的现代化，是一个势不可挡的发展趋势。期待不久的将来，我们传承了上千年的教学模式能够跟现代化科技相结合，从而推动我们的课堂教学效率进一步提升！

参考文献

［1］陈双泉. 初中政治翻转课堂教学模式研究［J］. 考试周刊，2018（09）：125.

［2］徐贵昌，邓波，陈辉. 以生为本，培养学生的自主合作学习能力：天津中学翻转课堂实践探索［J］. 天津教育，2020（25）：43 – 44.

［3］郭倩. 翻转课在高中思想政治课堂中的应用研究［J］. 山西青年，2020（11）：142 + 144.

浅谈翻转课堂合作学习小组构建与培训

海口市第九中学 吴芳蕾

摘要： 随着信息2.0时代的到来，翻转课堂教学模式走进大众视野，它秉承"先学后教"的原则，学生通过微课自学相关内容，教师根据学生的学习反馈设计课堂内容，通过师生互动、生生互动共同解决疑难问题。翻转课堂教学模式强调了小组合作学习的重要性，本文主要从一线班主任的角度出发，探讨如何构建科学有效的合作学习小组。

关键词： 翻转课堂；小组构建；分工培训；合作学习

（一） 背景介绍

自2014年以来，海南省委省政府高度重视教育信息化工作，在美兰区教育局的大力推进和关注下，海口九中开展翻转课堂智慧教学模式，从打造信息智慧课堂、培养智慧教师团队，到实施智慧德育活动，始终坚持以全体学生的学习与发展为中心，不断探索创新智慧教育模式，利用"互联网＋"的思维和技术，打造富有智慧的学习环境，为学生提供智慧、高效的教育服务。

经过不断的探索，海口九中与北京四中网校海口分校密切配合，积极稳妥地推进翻转课堂教学模式改革，初步形成九中翻转课堂教学模式——三翻三步五环节。三翻即教学形式的翻转由"课堂讲解＋课后作业"翻转为"课前学习＋课堂探究"；教学角色的翻转，教师由"知识传授者"翻转为"学习的促进者"，学生由"被动接受者"翻转为"主动探究者"；教学评价的翻转由"传统纸质测试"评价方式翻转为"多角度、多元化"评价方式。这些转变更加凸显了课堂上学生主体地位的重要性。

合作学习已然是每种课改模式都必不可少的环节[1]，小组合作学习既有利于体现学生的主体性，又有利于张扬学生的个性，还能增进同学间的友谊。在合作学习中，学生们学会分享、合作、团结与共赢，在潜移默化中使他们的个人素质和整体素质得以提升。翻转课堂教学模式的一大优势是利用现代化信息技术，使学生的学习有了网络支持，在课前的自主学习环节，学生可以借助互联网查找相关资料，帮助其加深对重难点的理解，拓宽知识面。这样，在课堂的合作学习环节，就能做到人人有话可说，小组讨论也更有深度和广度。

为了让学生更好地适应翻转课堂模式，让小组合作学习真正为翻转课堂服务，我校智慧班一线教师开展了一系列相关工作。

（二）小组组建过程

1. 科学分组

合作学习，首先要解决的是分组问题。智慧班学习小组组建之前，班主任与科任教师一同对全体学生进行全面分析：分析每一位学生各学科的知识基础；分析他们的个性特点、优势和不足；分析他们的各项能力（包括学习能力、表达能力、组织能力、思维能力、书写能力、实践能力等）。然后根据同组异质、异组同质的原则对学生进行分组[1]，这样既能让学生的个性特点得到充分的发展，也有利于不同学生之间相互帮助、相互促进、共同进步，同时保持了组际之间的均衡性，有利于组与组之间的交流与竞争，保证课堂活动进度相对统一[2]。

2. 小组文化建设

在分组之后，每个小组讨论定出特色组名，制定组规，明确学习目标。其中小组的学习目标是关键所在，共同的奋斗目标是每个小组前进的航向标。一个小组如果没有共同追求的奋斗目标，就会失去前进的动力，变成一盘散沙。每个小组将以上内容做成海报，并展示张贴在班级文化墙上。

3. 小组凝聚力建设

为了增强小组凝聚力，班主任利用班会课组织学生参与团体心理辅导游戏，如"坐地起身""信任背摔"等。学生在参与游戏的过程中体验到成功的快乐，意识到合作的重要性，学会借助同伴的力量共同解决问题。通过团队辅导活动，每个成员都对小组产生了满满的归属感，形成坚不可摧的小组合力。

（三）　小组成员培训

如果说科学合理的分组是小组合作学习成功的基础，那么小组成员的分工合作则是关键所在。小组每一位成员都必须清楚各自的任务并充分发挥自身优势，才能有效地开展合作学习。各小组召开小组会议，讨论选出常务组长、值日组长、汇报员、记录员、计时员等，班主任可适时引导学生根据自己的个性特点和兴趣选择角色。若小组成员对分工有不同的意见，组长可以根据小组的实际情况统筹安排。

各种角色的分工并非长期固定，而是实行角色轮换制，组内成员根据实际情况进行调整，使每个成员都有机会去体验不同角色的区别，锻炼自己各方面的能力，提高综合素质，同时增进生生互动的有效性[3]。

1. 组长的培训

合作学习小组必须要有一个优秀的组织者、领导者和协调者，我多次对全体小组长展开专题培训，培训内容包括：如何有效地组织学习活动，协调组员之间的关系（如尊重、倾听、信任、鼓励组员等），小组管理方法（日常事务的管理、小组分阶段发展总结），评价反馈的语言（组长点评各组员每周的表现，肯定优点，指出不足等）。

常务组长负责本组学习活动的组织、分工、监督等，让小组学习有序开展，其负责的事务如下：①组织成员制订小组学习计划、奋斗目标；②课堂上组织组员开展合作探究学习活动，调动组员学习的积极性；③督促组员完成各项作业，组织组内帮扶辅导，互帮互助；④每周组织小组成员会议，总结分析本小组纪律、卫生、学习态度、作业情况等，讨论提出改进办法；⑤定期向老师反馈小组成员的学习和思想等方面的情况。

与此同时，实施值日组长轮换制，值日组长负责协助常务组长管理小组日常事务，让每位成员都有参与本组管理的机会；负责每天作业的检查和收发，检查组员背书的情况，登记组员量化得分，协助常务组长维持纪律，管理组内卫生等。

2. 记录员培训

翻转课堂的实质是拓展、深化、解惑，因此，课堂上的"小组合作学习和展示"是至关重要的一环。课前，学生已经通过网络平台自主学习老师发送的微课，完成相应的配套习题，并借助网络查找资料，对知识点有了一定的理解，所以在课堂讨论环节，每个人都积极发表个人看法。此时，记录员需要快速记录组员讨论的关键点，并将要点列成提纲。由语文老师负责对全体学生进行培训，教会学生"记什么，怎么记"。教师准备大量的培训材料，让学生反复练习在大段文章中迅速抓重点、列提纲、快速列表整理笔记的方法，并通过思维导图的方式呈现出来。

3. 汇报员培训

汇报员主要负责展示小组讨论结果，根据小组讨论的内容和记录员所整理的提纲进行发言。汇报员的培训融入每一节课堂中，每次展示环节，教师邀请多个组进行展示，各个小组的汇报员依次进行汇报，也可以对前面小组汇报的内容进行纠错或补充。每次汇报员发言后科任教师当场进行点评，及时给出中肯的建议。各小组轮流展示后，进行生生互评，选出表现最佳的小组。通过老师和同学的评价反馈，学生在课堂上不断练习表达的技巧，使用规范的交流语言，提高语言表达能力。此外，汇报员需要熟练掌握平板电脑的使用技巧，借助平板电脑的投屏、拍照、推送、白板、划线笔、屏幕共享等功能，使展示更加直观形象。

汇报员的角色并非固定不变，不同的课堂可以由不同的小组成员承担汇报工作，让每一名学生都得到充分的锻炼，展示自身才华，增强自信心。学生在课堂上反复练习汇报的语言，逐渐熟练掌握汇报的技巧。

课下，组长对每位组员的课堂表现，特别是在合作学习环节中的表现，进行客观的点评和总结，肯定优点，指出问题，提出建议，改进不足。经过课堂上的多次磨合，小组成员的配合越来越默契，越来越高效，形成了良好的合作学习、积极参与的氛围。

（四） 激励制度

智慧班制定出一套小组评价量化管理制度，从课堂表现、课堂纪律、卫生管理、作业表现、学科成绩等多方面对小组表现进行打分。每周五统计小组量化总分，并公布评比结果，班主任根据各小组综合积分进行奖励。

此外，班主任每月一次召集全体小组长集中开会，点评各小组本月的表现，对表现突出的小组进行表扬，对进步明显的小组充分肯定，对表现不佳的小组则指出其不足。另外，班主任需倾听组长反馈日常管理中遇到的困难，及时予以指导和帮助，共同探讨解决办法，不断优化小组合作学习模式。

（五） 翻转课堂合作学习的优势

经过这一系列环环相扣、层层递进的培训，初步形成了海口九中特色的小组合作学习模式，打破了传统课堂小组合作学习形式化、效率低的问题，使得小组合作学习真正为翻转课堂提供服务。比如传统课堂由教师直接设计问题，太简单的内容激不起学生讨论的热情，容易出现讨论"三分钟热度"的现象；而设计的问题太难，外延太大，讨论往往不着边际，费时低效。翻转课堂则是由教师根据学生自学存在的疑惑进行二次备课，设计的问题是学生迫切想要解决的难点，充分调动了他们的积极性[4]，学生通过学习微课已经具备了一定的知识基础，在讨论环节大家通过思维碰撞，很快就能找到解决问题的突破口。传统课堂在展示环节，往往是知识基础好、表达能力强的同学成了主角，甚至包办一切，学困生容易产生依赖性，失去独立思考问题的能力，不自觉地成为陪衬。翻转课堂的"角色轮换制"让每个同学都有事可做，都有机会展示自己，并且有及时的点评和反馈，让学生能迅速定位自身的不足之处，同时博采众长，鞭策自己不断地成长与进步。

（六）　未来可期

进入信息2.0时代以来，越来越多生动高效教学软件的出现，给传统的课堂教学带来冲击，同时也注入了新鲜血液，教育正在被重新定义。翻转课堂作为当下盛行的一种新型教学模式，给未来的教育教学带来无限可能。

翻转课堂的教学模式，不仅关注学生的学习过程，优化学生的学习方式，更是努力为学生创造条件，使每个学生的差异都得到关注，为他们提供合作学习的空间，有效提高小组合作学习的有效性，让教育插上智慧的翅膀！

参考文献

[1] 黄立楠. 让小组合作学习走向深度学习 [J]. 文理导航（下旬），2020（11）：43+46.

[2] 李艳利. 浅析翻转课堂背景下小学数学小组合作学习策略的应用 [J]. 新课程（综合版），2019（09）：130.

[3] 李章琼，封信福. "小组合作学习"与"翻转课堂"的叠加 [J]. 百科知识，2019（33）：40-41.

[4] 罗玲. 浅析翻转课堂背景下小学数学小组合作学习策略的应用 [C]. 教师教育论坛（第1辑），2019：3.

论翻转课堂词汇教学策略的调整与效果

海口市第九中学　林妍

摘要： 在英语学习中，词汇教学的重要性不言而喻。然而，我国传统词汇教学模式效率低下的现状已成为制约英语教学质量和学习效率提高的主要因素。相较于传统教学模式，翻转课堂教学模式给词汇教学领域带来了新的视野。本文以海南省海口市第九中学初三学生为研究主体分析了实验词汇教学成果，得出翻转课堂教学模式可以促进英语词汇教学取得更好成果的结论。

关键词： 词汇教学；翻转课堂；策略调整

（一）导言

词汇作为语言的基础，在语言系统中占有重要地位。威尔金斯指出："没有语法，就很难传达；没有词汇，就什么也不可能传达。"（Wilkins，1972 年）词汇学习对于外语习得至关重要。然而，研究表明目前中学生的词汇水平不容乐观，词汇教学的有效性早已远远不能满足所需，这是由于许多英语教师在传统的教学中对词汇教学的处理存在着很多问题。例如，教师通常会自顾自地花大量的时间来解释和分析单词的用法。这样的课堂多以教师为中心，课堂上没有任何活动来帮助学生内化生词并尝试灵活运用，这让学生对传统的教学模式感到厌烦，词汇学习的效率相当低。在翻转课堂这一教学模式中，上述一些问题会在一定程度上被克服。

翻转课堂译自"Flipped Classroom"或"Inverted Classroom"，也可译为"颠倒课堂"，是指重新调整课堂内外的时间，将学习的决定权从教师转移给学生。在这种教学模式下，学生能够利用课堂内的宝贵时间更专注于主动的、基于项目的学习，共同研究并解决本地化或全球化的挑战以及面临的其他现实问题，从而获得更深层次的理解。利用翻转课堂的模式进行词汇教学可以更好地设计教学活动，将知识内化于课堂，这有助于激发学生的学习兴趣，同时也有助于提高学习效率。然而，翻转课堂教学模式是否存在局限性？一些学者提出了他们不使用这个新模式的原因。对这个教学模式的疑问也就自然而然地被提出——与传统的词汇教学模式相比，翻转课堂词汇教学策略是否更有效？如果是的话，在教学的过程中设计哪些方法可以解决这一模式中存在的问题？考虑到这些问题，作者进行了以下研究，以找出翻转课堂应用于词汇教学的效果。

（二）　文献综述

词汇教学是语言教学的一部分。随着时间的推移，词汇教学的模式发生着变化，各个时期的词汇教学都有自己的特点。

1. 一些传统的词汇教学方法

语法翻译方法是18世纪末由普鲁士公立学校首次引入现代语言的。这种方法从1840年到1940年在欧洲盛行。词汇教学的主要特点包括阅读文本词汇选择、双语词汇解释等。这种方法鼓励学生使用双语词汇，但此方法的一个明显弊端是学生未以交流为目的去使用语言。随着其他方法和途径的发展，语法翻译方法逐渐被取代。

直接法是19世纪末引进的几种"自然"方法中最著名的。该词汇教学方法的主要特点是在课堂上演绎抽象的目标语言，示范日常用语并想象它们的使用，以及重音的发音。直接法始于19世纪，是西欧外语教学运动的产物。它能有效地提高学生的英语听力和口语能力，但它的主要缺点是它在解释一些复杂而抽象的概念时效率较低下。

交际法强调语言学习的目标是交际能力。学生使用词汇来完成任务，而不是学习词汇。交际法关注词汇的意义，必须掌握词汇才能表达。此方法中课堂教学是以学生为中心，教师扮演着参与者、促进者、助手和顾问的角色。交际法很快就被引入传统的课堂中，并自出现以来得到了广泛的发展。然而，交际法强调词汇的流利性，而忽视词汇的准确性，这在词汇教学中是无效的。

2．翻转课堂模式及其研究

翻转课堂作为一种教学方法的革命，是由两位美国教师约翰·伯格曼和亚伦·萨姆斯开创的。他们结合 PPT 演示和视频的实时解释并把它们放在互联网上，这引起了公众的关注。从那时起，翻转课堂模式在美国所有的高校普遍得到了重视。2011 年环球时报发表了关于翻转课堂的文章，并称这是课堂教学模式的一次重大改革。随着关注度越来越高，翻转课堂教学模式的相关研究也日益增多，一些新的研究介绍了翻转课堂的教学程序并指出了翻转课堂的优缺点，以帮助我们更好地理解翻转课堂。还有一些研究详细介绍了翻转课堂应用于英语教学的过程，为我们提供了一种新的英语教学方法。然而，它不涉及词汇教学下的翻转课堂模式。很多研究也详细介绍了许多关于词汇教学的策略，对词汇教学具有重要意义。然而，这些研究更注重教学，忽视了学生的反馈，并且并未涉及这些策略的可行性，也没有探讨词汇教学策略的效果。

（三）方法

为了找出翻转课堂中词汇教学的效果，作者选择了外研版（三年级起始）九年级上册中的"Module 3 Heroes"作为教学案例，采用翻转课堂模式对 A 班学生进行教学，采用传统方式对 B 班学生进行教学。

1．教学设计

（1）传统课堂词汇教学。

在传统课堂上，教师利用两个课时，采用传统的英语词汇教学方法，对单词和短语的意义和用法进行了详细的分析。课堂以教师为中心，忽视了学生交际能力的培养。没有任何互动活动的词汇教学使学生倍感无聊。课后教师要求学生完成配套练习册的练习。

（2）翻转课堂词汇教学。

翻转课堂中的词汇教学包括两个阶段：课前学习单词和短语的基本知识，课堂教学活动提高词汇的内化能力和交际能力。在上课前，教师准备了关于第二单元词汇的视频讲座，持续了大约 15 分钟，并发送给学生。让学生们在学习了教学视频后，用至少 10 个词汇表中新学的单词或短语在半小时以内写一个短篇小说。

在课堂上，教师首先用 5 分钟的时间与学生一起讨论他们在课前观看视频时提出的问题，然后举行一场约 10 分钟的单词接力赛。这个游戏非常重要，它可以加强学生对词汇基础知识的掌握以及对单词的理解，此外，通过分组比赛的形式还可以增强学生的团队合作精神和团体荣誉感。在课堂的后半部分，学生之间分享他们的故事并进行讨论，在写作鉴赏过程中互相检查拼写及单词应用错误。此时，教师需要维持秩序，及时解答疑问。此设计中，单词接力赛是为了帮助学生记忆基本的单词信息，小说编写则是为了测试学生在自由想象的情况下使用单词的能力。在课堂鉴赏、讨论、纠错过程中，教师可以得到反馈，以改进教学。

课后，教师就像传统的教学方式一样，要求学生完成配套练习册的练习。

学生在传统的词汇教学模式和翻转的词汇教学课堂模式中，课前学习和课堂活动都花费了 2 个课时的时间。

2. 参与者

研究对象为海口市第九中学初三年级的学生。A 班女生 16 人，男生 16 人；B 班女生 15 人，男生 17 人。根据第一学期的成绩可以看出，两个班的英语水平大致相同。此外，他们放学回家都能使用互联网获得各种信息和学习材料。但是，A 班的学生可使用互联网学习平台额外获取教师发布的微课等学习材料。

3. 研究

研究措施包括测试和访谈。测试旨在获得词汇教学的直接结果。访谈的目的是了解学生在学习过程中对两种不同的词汇教学模式的态度和看法。

（1）测试。

作者针对教学模块设计了两份试卷。第一次测试于课堂词汇学习之后进行，第二次测试于一周后进行。第二次测试时，布置的课后练习已经完成，词汇学习也已经过了一段时间，因此，可以用测试来了解学生词汇学习的遗忘率。

第一次测试针对以下两个方面设计了 70 个问题：①词汇基础知识的掌握，包括 40 个问题，如单词短语英汉、汉英互译、选词填空；②词汇的正确用法，包括 30 个问题，如句子翻译和用词造句。第一次测试总分为 100 分，测试时间为 45 分钟，大部分学生能够在规定时间内完成测试题目。

第二次测试是写一篇至少包含 10 个目标词汇的作文。这个测试是为了考查学生在使用所学词汇时的综合能力。第二次测试总分为 10 分，分配到课后完成。

（2）访谈。

通过对第一次测试的仔细分析，研究人员在第一次测试结束后，对 12 名不同层次的学生（每班 6 名学生）进行了访谈。访谈中对 A 班学生提出 15 个问题，其中 5 个问题是关于学生在翻转课堂中的学习情况；4 个问题是关于学生对翻转课堂词汇教学的态度；6 个问题是关于学生对翻转课堂词汇教学的建议。访谈中对 B 班学生提出 15 个问题，其中 6 个问题是关于学生在传统课堂中的学习情况；3 个问题是关于学生对传统词汇教学的态度；6 个问题是关于学生对传统课堂词汇教学的建议。

4. 数据收集

在这项研究中，来自 A 班和 B 班的 64 名学生参加了第一次测试。A 班 32 名学生全部上交试卷，B 班 32 名学生中 27 名上交试卷。研究人员在试卷上做了标记。测试后学生们在操场上单独接受了访谈，具体访谈问题如上所述。第一次测试一周后，为了找出词汇教学中的主要问题，18 名不同层次的学生（每班 9 名学生）又接受了第二次测试。

（四）数据分析

在这一部分中，研究者将呈现测试结果，展示两种教学模式之间是否存在显著不同的效果，描述并分析访谈结果。

1. 两次测试的结果

首先，将呈现一些基本的统计数据。第一次测试的结果如表 1 和表 2 所示，第二次测试的结果如表 3 所示。两次测试的结果清楚地反映了翻转课堂词汇教学的效率。

在表 1 中，数据清楚地显示，A 班有 5 人成绩处在 80～90 分这一分数段，而 B 班有 0 人；A 班有 11 人成绩处在 70～80 分这一分数段，而 B 班只有 1 人；A 班有 6 人成绩处在 60～70 分这一分数段，与 B 班相同；A 班有 7 人成绩处在 50～60 分这一分数段，B 班 10 人；A 班有 3 人成绩处在 40～50 分这一分数段，而 B 班有 7 人；A 班有 0 人，成绩低于 40 分，而 B 班有 3 人。从这些数据中可以清楚地看出，A 班的成绩整体比 B 班好，也就是说，在翻转课堂上学习词汇的学生普遍比传统课堂上学习词汇的学生得分高。此外，A 班共有 16 人成绩在 70 分以上，而 B 班只有 1 人；A 班有 22 人通过了考试，占该班级总人数的一半以上，而 B 班只有 7 人通过了考试；A 班有 10 人考试不及格，而 B 班有 20 人考试不及格。以上数据都显示出两种教学模式下学习效果的截然不同。这意味着翻转课堂中的词汇教学比传统课堂中的词汇教学更有效。翻转课堂提供了一种新的课前的知识传递方式，在课堂上对知识进行了整合，这是非常有效的。

表1　第一次测试成绩

分数段	A 班学生人数	B 班学生人数
80～90	5	0
70～80	11	1
60～70	6	6
50～60	7	10
40～50	3	7
40 以下	0	3

在表 2 中，我们可以看到，在第一次测试中，A 班的最高分是 88 分，比 B 班的最高分高 17 分；A 班的最低分是 41 分，比 B 班的最低分高 18 分；A 班的平均分是 65.9 分，B 班的平均分是 51.1 分，这两个分数对比有巨大的差距。通过对两个班级成绩的对比也可以看出，翻转课堂中的词汇教学比传统课堂中的词汇教学更有效。而第一次测试的结果也反映了翻转课堂中的词汇教学能够帮助学生提高学习成绩，翻转课堂使词汇教学变得更有效，词汇教学成效有了很大的提高。

表2　两个班第二次测试成绩的比较

项目	A 班分数	B 班分数	差距分数
最高分	88	71	17
最低分	41	23	18
平均分	65.9	51.1	14.8

从表3中可以看出，在第二次测试中，A班的最高分是10分，B班的最高分是9分；A班的最低分是6分，B班的最低分是3分；A班的平均分是8.1分，B班的平均分是7.0分。两个班的成绩差异显著。在第二次测试前，翻转课堂的教师在词汇教学上总共花费了60分钟，而传统课堂的教师在词汇教学上花费了90分钟。然而，第二次测试的差异比较结果仍然与第一次测试的相同。

表3　两个班第二次测试成绩的比较

项目	A班分数	B班分数	差距分数
最高分	10	9	1
最低分	6	3	3
平均分	8.1	7.0	1.1

传统课堂的教师虽然在词汇教学上花费了大量的时间，但学生对词汇的学习却不感兴趣，导致词汇学习效率低下，学习效果不理想。而翻转课堂的教师相比传统课堂的教师花费的时间更少，也取得了更好的效果。A班的学生和教师都认为翻转课堂中的词汇教学是有效且有趣的。在翻转课堂模式下，学生可以一遍又一遍地观看教学视频，既省时又灵活。通过课堂上的各种活动，学生可以有更多的机会与教师互动，这能真正帮助他们内化词汇。B班的学生和教师都表示，虽然他们在词汇教学和学习上花费了大量的时间，但是词汇学习效果仍然不尽如人意。因此，从测试结果中我们可以知道，翻转课堂既有效又有趣，可以节省大量的时间，让学生爱上词汇学习。此外，翻转课堂中的词汇教学可以帮助学生在词汇学习中取得良好的效果。总之，翻转课堂模式下的词汇教学效果较好。

2. 访谈的结果

访谈的目的是了解学生的学习情况，学生对两种不同的词汇教学模式的态度，以及学生对两种教学模式的评价。

关于学习情况，A班的学生表示，在翻转课堂教学模式中，他们通过视频课前学习词汇，可以写下关键词和句子，在观看视频的过程中，遇到不懂的问题，可以向老师寻求帮助，并进行小组讨论。学生可以通过一系列的活动来记忆和内化单词，使学生在课堂上可以更好地消化单词。然而，B班的学生则表示，在传统教学的课堂上，虽然老师花了很多时间来解释单词，但这很无聊而无效，他们根本记不住。

关于学生对两种不同的词汇教学模式的态度，A 班的学生表示非常喜欢翻转课堂的词汇教学。在翻转课堂中，学生们能提前准备好上课，充满激情，在课堂活动的过程中，他们已经掌握了单词。此外，学生认为翻转课堂的词汇教学是有效的，他们可以有更多的时间通过活动来掌握并运用词汇。学生们都表示，他们感受到了翻转课堂教学模式带来的变化，因为他们只有精心准备词汇的学习才能更好地参与到活动中。B 班的学生表示，他们不喜欢传统的教学模式，既耗时又枯燥，且使学生昏昏欲睡，失去了对词汇学习的兴趣，此外，传统课堂以教师为中心，学生则是被动去学习，尽管教师详细地讲解了词汇，学生们却无法集中注意力上课。学生在课前花了大量的时间来准备学习词汇，教师花了大量的时间来教授词汇，这是非常耗时和无效的。

对于学生对两种不同的词汇教学模式的评价，A 班的学生表示希望有更多的课堂活动。学生认为课堂活动很有趣，很有效，可以帮助他们在课堂上掌握和内化词汇知识。学生们希望老师能继续使用这种教学模式。而 B 班的学生则表示，他们不喜欢传统的词汇教学模式，因为这种教学方式效率低、枯燥乏味。学生们希望老师能给他们机会交流及实践。这说明翻转课堂的词汇教学比传统教学模式的更有效。翻转课堂为学生提供了一种新的课前和课中知识传递的方式，使得课堂知识内化，效果显著。

（五）　结论

在本文中，主要对词汇教学进行了研究，研究通过测试和访谈的形式，发现了翻转课堂应用于词汇教学的一些良好效果。

首先，它提高了课堂效率。长期以来，词汇讲解一直是中学英语教学的重难点，往往消耗大量的课堂及课后时间。教师过分强调词汇本身的重要性，而忽视了学生的口语、写作等能力。此外，教师只能在有限的时间内教几个单词，效率很低。通过翻转课堂，学生可以自学更多的单词，也可以把更多的时间花在语言能力的培养上。其次，翻转课堂教学模式可以提高学生对词汇学习的兴趣，丰富了词汇学习的内容和方法。传统的教学方法单一、枯燥，师生互动少，不能激发学生的学习兴趣。通过翻转课堂，教师可以利用互联网、移动设备等资源精心准备丰富的线上材料，拓宽词汇学习的渠道，使学生能够自主把握学习过程，分配自己的学习时间，根据学生的实际情况学习词汇。在课堂上，学生可以通过各种各样的活动来运用词汇、掌握词汇，这样可以激发学生的学习兴趣。再次，它可以提高学生的学习成就感。与传统课堂相比，翻转课堂的学生花费的时间更少，但效果更好。作为一种新的教学模式，翻转课堂的优势正在被越来越多的人所认识。总而言之，翻转课堂是一种以学生为中心，强调学生主体性学习的教学模式，为了使其在教学上的优势最大化，我们还需要对翻转课堂进行进一步的探索。

当然，我们的研究并非没有局限性。首先，本次研究的对象是仅包括62名学生的两个班级，样本数量相对较少，可能不能反映整体情况。其次，研究中使用的工具有限。研究中收集的数据只包含两次测试和一次访谈，分析中可能有一些错误。再次，由于研究时间不够长，无法进行进一步的研究，研究结果可能存在片面性。翻转课堂的词汇教学也可能存在一些不足。例如，一些学生认为任务很重。如果学生无法完成课前学习任务，就不会积极地参与到课堂的学习中来，学习效果也不理想。此外，在翻转课堂中，学生只有积极参与课堂活动，才能把新知识内化，而活动通常以小组的形式进行，如果小组分工不明确，学生在小组中的积极性不高，学习效果就会大大降低。因此，在今后的实践中也需要不断调整和改进翻转课堂。

参考文献

[1] 张金磊，王颖，张宝辉. 翻转课堂教学模式研究 [J]. 远程教育杂志，2012，30（04）：46－51.

[2] 张跃国，张渝江. 透视"翻转课堂"[J]. 中小学信息技术教育，2012（03）：9－10.

[3] 王长江，胡卫平，李卫东. "翻转的"课堂：技术促进的教学 [J]. 电化教育研究，2013，34（08）：73－78＋97.

[4] 李宏敏. 基于翻转课堂教学理念的课程设计与开发 [D]. 广西师范学院，2013.

[5] 王安琪. 翻转课堂在初中英语语言技能教学中的应用 [D]. 上海外国语大学，2014.

[6] 杨刚，杨文正，陈立. 十大"翻转课堂"精彩案例 [J]. 中小学信息技术教育，2012（03）：11－13.

初三历史复习课践行"335"教学模式的几点体会

海口市第九中学　王芳

摘要： 我们积极践行"335"教学模式，深入研究历史新课标及考纲，在细化处理历史教材的基础上，精心设计课堂教学环节，进一步优化课堂教学，同时加强对学生学习方法的研究与指导，引导学生总结历史学科的学习方法和规律，特别注意对强化学生备考应考能力的训练，以增强初三复习课的效率，在中考历史中收获更优异的成绩。我们在初三历史复习课中对于"335"教学模式的优势、如何实践"335"教学模式以及"335"教学模式应该注意哪些问题等方面进行了思考，在本文中我将浅谈自己的一些看法及体会。

关键词： 初三历史复习课；"335"模式；体会

《初中历史课程标准（2011 版）》中明确提出，通过义务教育阶段历史课程的教学，学生能够掌握中外历史的基本知识，初步掌握学习历史的基本方法和基本技能；对人类历史的延续与发展产生认知兴趣，感悟中华文明的历史价值和现实意义，养成爱国主义情感，开拓观察世界的视野，认识世界历史发展的总体趋势；初步形成正确的世界观、人生观和价值观，为成为拥有良好综合素质的合格公民奠定基础。随着新课程改革在全国范围内的全面开展，如何顺应新时代立德树人的发展趋势，又合乎初中历史新课程标准的主旨，这是作为一名初中历史教师应该思考的新课题。

2004 年海南开始实行在中考中加入历史学科，2016 年海南省开始推广初中部编版新历史教材的使用。由此可见，历史学科越来越重要。随着中考考试难度越来越大，作为一名初三历史教师，在负责初三毕业班的教学过程中，最大的困惑是应该如何使复习课达到最佳效果。长期的、高负荷的初三复习课会使学生的求知欲望逐渐消退，如果教师处理不当，取而代之的将是学生越发觉得复习课机械、重复且枯燥乏味。中考不仅是对学生学习能力的考查，也是对教师教学能力的考验。面对中考升学的压力，我们应该如何提升初三历史复习课的有效性，让学生在中考中获得更优异的成绩，这是作为一名初三历史教师应该思考的新课题。

近年来我们开始不断探索一种新型课堂教学形式——"335"教学模式，它似乎能把信息技术的运用、历史新课标的实现、初三历史复习课的实践这三者完美地融合。因此，我们在初三历史复习课中对于"335"教学模式的优势、如何实践"335"教学模式，以及"335"教学模式应该注意哪些问题等方面进行了思考，下面我将浅谈自己的一些看法及体会。

（一）"335"教学模式在初三复习课中优势明显

1. 有利于历史复习课内容的优化

中考历史的命题范围包括中国古代史、中国近现代史、世界古代史、世界近现代史共计六本课本。初中新课程改革后的历史教材内容丰富、理论性极强。而初三历史复习任务重，时间短，那么，如何在有限的时间里进行有效的学习，把零散的知识系统化，让学生更好地理解掌握呢？在日常历史复习课教学中，教师需根据新课程标准，更要根据学生的实际情况对复习内容作适当的整合处理。"335"模式可以在教学过程中冲破时间和空间的限制，利用具体、生动、形象的网上教学资源，在短时间内浓缩大量的信息，帮助学生用自己的眼睛看历史，把握历史知识脉络，为实现教学最优化创造条件。

2. 有利于提高学生学习的效率及提高教师的教学成效

从教育心理学角度来看，一个成年人在 45 分钟的时间内能够接触、理解的知识和要培养的能力都是有限度的，而学生的注意力时长可能更加难以达到 45 分钟。"335"教学模式中以学生为主的课前学习，便于学生提前理解及接受本课的复习内容，有助于提前实现教学目标，上课时会起到事半功倍的效果。而在"335"的初三历史复习课中，学生自己能学会的教师就不需要讲，让学生自己解决遇到的问题。教师集中精力引导学生掌握重难点知识，大量的问题还是要靠学生在练习中自己解决。教师发挥举一反三的精神，引导学生反省，自学自练，由此触类旁通，这样把探索机会留给学生，教师无须再"满堂灌"，且初三历史教学成效显著。

3. 有利于教师有效落实提优补差

进入初三后，学生需要学习、复习的科目很多，学习任务重，压力大。成绩处于中下游的学生在学习中顾此失彼、疲于应付，对于我们历史学科来说，更是应付居多。学生两极分化的现象逐渐明显，而且差距有逐渐扩大的趋势。中等生和后进生应该是教师重点关注的对象。苏霍姆林斯基曾经说过，在人的心灵深处都有一种根深蒂固的需要。从学生的心理需要而言，他们也需要被关注、被认同，能够达到自我实现。只有如此，学生才能体会到独立人格被尊重，才能鼓起继续前进的勇气。中考前教师需要提优补差，但是繁重的教学工作，经常使我们无法兼顾，对中等生和后进生关注度不够。而"335"教学模式中，无论是课前导学，还是课堂展学、课后测评等，都能立刻生成具体的数据，及时反馈问题，并迅速总结出学生的共性及特点。这样教师能很快了解学生的个人情况，为学生指导学习方法、扫除知识盲点，帮助学生提升答题技巧。教师可以通过简短的书面评语进行评价，也可以当面用鼓励的言语激励中等生和后进生。

4. 有利于培养学生的自主学习能力及创新精神

历史教学必须紧紧围绕着培养学生的历史核心素养这一主线展开。但教师长期运用单一的传授式教学方式，一些初三基础较好的学生虽然考试成绩不错，但很多方面的能力和素质欠缺，特别是自主学习能力、语言表达能力、组织合作能力、创新实践能力等方面与社会发展的需要有较大的差距，严重影响了学生的可持续发展。而"335"教学模式，要求学生自己对历史知识进行识记，并自主探究，分析解决自己能解决的问题，不断提高学生的学习能力和自主性，培养学生独立思考的习惯。学生应积极地参与到教学过程中，成为学习的主人。在教学中，教师要相信学生的学习能力，给学生学习的自主权，给学生学习的时间和空间。只有这样，教学才能从教师的"要你学"变成学生的"我要学"。历史课堂当中，教师应当尊重学生的差异性，引导学生质疑探究、创新超越，促使他们多思善思，由此迸发创新的灵感。

（二） 初三历史复习课践行"335"教学模式

教育家陶行知先生指出："好的先生不是教书，不是教学生，乃是教学生学。"这句话明确指出教师在课堂教学中重要的不是知识传授，而是培养学生学会学习的能力。为提高初三历史复习的效果，我们迫切需要对传统的教学模式作出相应的调整和改革。

1．课前提供优秀精简的微课资源， 让学生明确学习方向

美国心理学家、教育学家布鲁姆说，有效的教学始于准确的指导。通过课前自学，学生可以提前清楚通过学习这节复习课应该达到什么样的目标，以及应该掌握的重点，这既凸显了学生的主体地位，也是提高课堂效率的第一步。

初三历史复习课一般是单元课、专题课。教师在备课时应该认真分析教材，结合教学目标，依据重难点，选取优秀的复习微课资源或者自制符合学情的历史复习微课。利用信息资源使初三历史知识结构化、系统化，便于学生充分理解接受，有助于实现教学目标。复习微课资源可充分再现历史，把"死"知识，变成"活"历史，增加教材的活度，也使学生在学习中提高阅读水平，培养历史探究能力。微课会搭建相应的历史知识框架结构，帮助学生形成系统的知识体系。这对于提高学生的概括能力、归纳能力等历史学科能力，会起到事半功倍的效果。

2．课前训练基础题目， 明辨重难点

学生在精品微课的引领下已经明确目标，接着需完成相应考点训练，进行自主探究。学生完成基础知识的梳理和基础知识的自测，解决自己能够解决的问题。基础训练需考虑学生的学业负担，一般是几道选择题，或者一道填图题，或者一道材料题等等。所有题目必须紧紧围绕中考达标指导，依据中考的重点、难点来命题。如果是学生自己不能解决的问题，可以在班上讨论解决。初中历史复习课堂主张人人参与，个个完成，让不同程度的学生都能掌握基础考点，课前训练能唤醒学生沉睡的潜能，点燃学生智慧的明灯。

3．找出差异性题目， 课堂思考升华

通过课前导学训练，学生已经掌握基本的考点，并发现难点问题。课堂上教师只需启发点拨、引导归纳，使问题得以最终解决。但我们一定要找准问题的切入点，查缺补漏。初三复习课的目的，不仅要温故更要知新。教师以宏观调控为主，适当发言，给出概括性的讲解，只起到穿针引线的作用。教师的辅助和精心设计的思考题拓展教材，培养学生探究历史的思维能力，特别是发展抽象逻辑思维能力。增强学生学习的完整性。课堂思考升华是打造高效课堂的一个重要途径。

4．总结归纳，　形成思维导图

根据记忆规律，当学习的知识得到一定的练习和掌握后，学生可以根据已经了解到的信息，课后归纳形成思维导图。通过这种复习方法，学生能牢牢地巩固所学的基础知识，对所学知识进行深化和升华，增强学生学习的有效性，坚实初三历史学科的根基，培养学生历史性的思维。

5．针对中考进行答题指导

九年级历史复习重要的导向是适应中考，学生在这一阶段需要通过大量的练习提高自己的解题能力，进而培养理解能力、分析能力、概括能力、综合能力、比较能力、表达能力等历史核心素养能力。但是课时有限，利用网络、平板电脑，课前或者课堂精练配套练习，最好是历年中考题型和创新题型，以适应中考题型和考查方向，通过大量的训练，来不断锻炼学生应考应该具备的能力。

（三）　仍需注意的问题

1．"量"

2020 年是特殊的一年，网络教育的迅速发展，线上充斥着大量的微课资源。教师应该注意合理取舍，不应该无限制地滥用网络资源，这样会占用学生大量的时间，增加学生的学业负担。初三历史复习课教学要讲求重点突出，内容精炼。教师应该紧紧围绕教学目标，并依据每一节课的教学重点、难点，对微课、试卷等资源进行科学鉴别，精心选择，宁缺毋滥。合理使用相关资源，不断提升初三历史复习课的品位与质量。

2．"线"

历史内容繁多复杂，使学生条理清晰，是一节课的基本要求之一。这在传统教学手段的课堂中，问题不大。因为教师会有板书，板书是逐字书写的，学生有足够的时间去消化理解,并做好笔记,且容易形成清晰的脉络。但是现在"以学生为主",所以教师需引导学生总结所学知识,提炼解决问题的方法和技巧,学生通过总结反思、理解掌握,内化成自己的知识结构。思维导图就是一种不错的知识线索。

3."根"

何为行之有效的复习方案?无论如何复习,条条大路通罗马,最终还是要回归课本。要依据课本,既要强调考点,又要将复习内容条理化。课文可以通读一遍,重点的知识点就要背起来。"读背默"应是初三历史复习最基础的方案。

教学有法,教无定法,初三历史复习课"335"教学模式从"一切为了学生而教的目的"出发,我们须针对学生的实际反应和需要,对既定的教学模式作出及时的调整。只要我们不断探索实践,推陈出新,我们相信初三历史复习课一定也能变得生动起来,一定也会让学生爱起来,一定会创造更优异的中考成绩。

参考文献

[1] 郭洪涛. 浅谈中考历史冲刺阶段复习备考策略 [J]. 科幻画报,2018(03):90-91.

[2] 莫雷,何先友,冷英. 教育心理学 [M]. 1版. 广东:广州高等教育出版社,2002.

[3] 王继平. 中学历史教学研究方法概论 [M]. 长春:长春出版社,2012.

[4] 初中历史课程标准 [S]. 北京:人民教育出版社,2011.

浅谈在初中数学翻转课堂中进行课堂检测

海口市第九中学　唐彩华

摘要： 课堂检测的提出和应用，利用翻转课堂检测需要把握的原则和要求，通过实施课堂检测可以发挥以测代练的作用，及时进行课堂教学反馈，及时调整，以达到事半功倍的教学效果。

关键词： 初中数学；课堂检测；教学效率

初中数学是发掘和培养学生分析能力和思维能力的一门重要学科，是理化学科的基础，常言说得好，"学好数理化，走遍天下都不怕"，可见数学学科的重要性。

然而数学又是单调乏味的，要真正学好数学，并非易事，需要数学教师不断地想办法，提高学生的学习兴趣，不断优化课堂教学，提高课堂教学效率。

下面就结合我多年的教学经验，谈一点关于课堂检测的体会和做法。

（一）课堂检测问题的提出

数学学科是一门重要课程，为了上好每一堂数学课，我都积极地去想办法，目前我参加了学校的翻转课堂课题研究，以想办法提高课堂教学效率。

但在实际的教学中我还是很困惑，因为我发现在翻转课堂上学生听得很认真，也都积极参与学习活动，但在他们交上来的作业或是在单元检测中，效果却不是很理想，归根结底还是表现在学生基础知识掌握不扎实，概念模糊不清，知识点混淆等细节方面的不足，这也是很多数学教师较困惑的问题。

为了解决这一问题，我校数学组教师经常进行研讨，经过大家的讨论，以及借鉴其他学校的经验，我们将"课堂检测提升"移入课堂，把它作为巩固课堂教学效果的一种手段，并全面地展开、实施起来。

（二） 对课堂检测的初步理解和应用

课堂检测不同于学生的单元检测，不是做卷子，只是教师针对当堂课的授课内容设计一些基础的习题，在下课前 5 分钟对学生进行检测，以对学生的学习效果进行了解和反馈。有些题目是不变的，以检验学生是否认真学习；有些题目适当变化，以检验学生运用知识是否灵活。它题量小、时间短，一般 1 ~ 3 题，时间安排在一堂课的最后 5 分钟内进行，最后留 1 ~ 2 分钟的时间进行课堂评讲。

这样的设置不会加重学生的学习负担，只是一次检验学生学习情况的练习。

（三） 在课堂中实施课堂检测的要求

教师在课堂检测的实施中，要认真对待，把握好课堂检测设置的原则和要求。

1. 内容的设置要有针对性

在课堂教学中，检测内容的设计一定要针对当堂的授课内容，符合当堂的学习要求，我校与北京四中网校合作，可以利用网校的线上资源，快速调用题库的试题，备课效率大大提高。

2. 设置的题量要适中

教师要根据自己的课堂内容灵活调整题量，题量过大，会给学生增加压力，造成负担；题量过小，就达不到检测的效果。所以教师要根据不同的课型来设置当堂检测的内容比例，以新授课为例，一般当堂检测题可 1 ~ 3 题，时间控制在 5 分钟左右。北京四中网校的题库有个优势，所有的试题都有难易程度的标注和解析，给教师备课、选题提供了极大的便利。

3. 内容的难度要适度

在设置的过程中，教师依然要像对待正式考试一样设置题的难易比例，应该以基础题为主，但也要有相应的能力提高题，这样可以照顾所有的学生，让好学生"吃饱"，差学生"吃好"，从而使所有的学生在课堂中都学有所得，达到良好的课堂教学效果。

4. 批改和反馈要及时

课堂检测最好在课内进行当堂批改，让学生在当堂就能知道自己对每个知识点的掌握情况，从而更好地进行课后的弥补和巩固，这对提升作业质量有很好的作用。我所带的智慧班，学生都使用平板电脑，在有限的课堂时间内，利用网络批改，可立刻呈现批改数据，及时反馈学生存在的问题，这在很大程度上提高了翻转课堂的效率。

（四）　课堂中进行课堂检测对提升学生学习成绩的作用

课堂检测不光有短期效益，即复习了旧知识，为接受新知识作了铺垫；更有长期效益，可以有效帮助学生扎实基础，提高能力，对学生学习成绩的提高起了一定的作用。另外，还可以利用平台收集学生的错题，建立错题本，方便学生复习。

1. 可以准确地发现学生的课堂学习效果

课堂检测可以使教师及时发现学生存在的问题，而且通过学生容易出现错误的问题，能及时把握学生的掌握情况，以便在课堂上或在后续的教学中进行及时纠正，及时巩固。

2. 可以培养学生独立解决问题的能力，帮助学生及时巩固解决问题的方法

在课堂中进行及时的课堂测试，学生是在教师的监督下完成，学生只能自己思考，考虑如何解决，即便没有做出来，问题早已记在心上，下课后，也会主动请教老师或其他同学。

3. 可以消除学生的紧张情绪

大多数学生在考试中都非常紧张。而课堂检测学生每天都要进行，每次检测就像考试一样，而且题量小，时间短，难度不是很大，所以学生做起题来不会太困难，也不会太紧张，成绩也会很不错，学生经过长时间的锻炼，很快就会适应正式的考试。

4. 可以有效地提高学生做题的准确度

学生有这样的一种习惯，每次考完时，都会聚在一起对答案，讨论对错，

交流解题方法,答案和别的同学一样的学生就非常高兴,不一样的就非常想证明到底谁的正确。

课堂检测,我们每一节课都要进行,学生在一起讨论交流的现象会经常发生,这样会大大促进学生学习的动力,也对提高学生做题的准确度起到了推动作用。

5. 低起点, 分散压力, 小步走, 提高动力

学困生一般自觉性较差,基础知识不够牢固,总是得过且过、偷懒。在课堂检测中这些学生会受到教师特别的关注,这种情况下,用小步走的方式逐渐给其较高的目标和压力,使其变压力为动力,他们就会认真听讲,努力学好本节课的知识。

这样长期坚持下去,他们的成绩就会不断提高,学习兴趣和动力也会随着增长,慢慢地会有所转化,提高成绩。

总之,在课堂教学中经常进行达标检测,不仅能够起到以测代练的作用,在教学过程中也能够起到事半功倍的作用。

但是,在实施课堂检测时,我们也遇到了一些问题,如有时检测内容过多,影响了课堂教学;设计的测试题的难度过大等。针对这些问题,还需要我们在今后的课堂检测实践研究中,不断地完善,不断地改进,最大限度地发挥出课堂检测的作用,使之真正服务于课堂,提高课堂教学实效。

参考文献

[1] 吴华, 丛洋, 孙丽梅. 初中数学翻转课堂教学研究 [J]. 中国教育技术装备, 2014 (18): 136-138.

[2] 罗淑芳. 翻转课堂与传统教学模式的比较、变化 [J]. 东方企业文化, 2014 (15): 361.

[3] 刘雪松. 翻转课堂教学模式应用实践研究 [J]. 技术与市场, 2014, 21 (09): 340.

翻转课堂下的初中道德与法治试卷
学生自主讲评课初探

海口市第九中学 陈丽梅

摘要：《基础教育课程改革纲要（试行）》指出，要"改变课程实施过于强调接受学习、死记硬背、机械训练的现状，倡导学生主动参与、乐于探究、勤于动手，培养学生搜集和处理信息的能力、获得新知识的能力、分析和解决问题的能力以及交流与合作的能力"。翻转课堂是信息技术与教育教学融合创新的一个切入口，学生分组制定试卷评分细则，自主评卷，自主分析；利用网络环境如平板电脑、"爱学"平台、微信群、QQ群进行讨论交流；在课堂上，全班进行交流评析，教师进行点拨辅导；课后微课解惑辅导。通过以上这些方式，使学生更加深入地掌握课标要求，系统把握教材内容，培养学生自主分析试卷、找出学习问题的能力，提高学习成绩。

关键词： 翻转课堂；小组合作；自主讲评；展示交流

（一）创新发展理念， 提升教育境界

2009 年，学校在夯实常规教育教学管理的同时，把握机遇，迎接挑战，锐意改革。开展了关于有效教学课堂模式的研究。结合学校实际，提出了"三学两评"课堂教学模式以及学科小先生"一拖 N"互助学习创新模式。

"三学两评"模式由自学、展学、导学、互评、自评等五个环节组成。

自学：学生在教师指导下利用教材及学案进行自学。学生在自学过程中，可利用网络、书籍、学科小先生、教师等资源。

展学：教师组织学生代表展学。展学的方法可以多种多样，可以是学生汇报自学情况；也可以是学生展示自己设计的实验及其探究结果，谈设计感受；

还可以是学生展示收集到的与授课内容相关的资料等。

导学：教师在学生自学、展学的基础上，根据课标、教材、学情，突出重点，突破难点的过程。重在学习方法的指导，是教师个性特色的展示阶段。

互评：在自学和课堂训练阶段，学科小先生对徒弟进行的指导评价。此环节可使课堂由静变动，张弛有序。

自评：学生自我反思、自我评价。

"三学两评"的教学模式注重精讲，讲要点，讲学习方法，给学生自学、自悟的时间，尊重学生的学习体验，改变"耗时多、负担重、效益低"的课堂教学现状，打造和谐的生态课堂。

"'三学两评'教学模式的应用和开发"于2011年被海南省立项为"十二五"专项规划课题。2013年11月已通过省级鉴定，顺利结题，并被评为优秀课题。

2016年，为了推进和深化我校课题研究并使课题研究得到创造性地应用，我校将"三学两评"课堂教学模式以及学科小先生"一拖N"的创新模式进一步拓展延伸，在课堂教学中融入了"围桌式"小组合作学习、"三翻三步五环节"的做法。

三翻：在以"教师为中心"转变为"以学生为中心"教学理念的引领下，从教学形式、教学角色、教学评价三方面进行翻转。一是，教学形式的翻转，由"课堂讲解＋课后作业"翻转为"课前学习＋课堂探究"；二是，教学角色的翻转，教师由"知识传授者"翻转为"学习的促进者"，学生由"被动接受者"翻转为"主动探究者"；三是，教学评价的翻转，由"传统纸质测试评价方式"翻转为"多角度、多元化评价方式"。

三步（课前三步骤）：学生课前观看微课，完成导学案，教师进行学情分析。

五环节（课中五环节）：学情反馈，聚焦问题，合作释疑，展示交流，检测提升。

海口九中政治组积极展开关于"三翻三步五环节"在"围桌式"课堂自主讲评课中应用的研究工作。遵循"组内异质，组间同质，双向选择"的原则，将班级学生分组，以围桌的方式，对试卷要探究的问题展开讨论学习。学生自主学习与互助学习相结合，教师加以恰到好处的导学，师生共同突破重难点，学生达到学而有法，学有所得，教师真正实现教学的有效性。

《国务院关于基础教育改革与发展的决定》指出："鼓励合作学习，促进学生之间的相互交流、共同发展，促进师生教学相长。"教育部在《基础教育课程改革纲要》中，也把培养学生的交流与合作能力作为新课程改革的重要目标。采用小组合作学习的形式，不仅仅是教学的需要，知识学习的需要，课程改革的需要，还是素质教育的需要。

合作学习着眼于提高全体学生，包括有学习障碍的学生的学习成绩，使他们在生生互动中体会合作的快乐，成功的幸福感，从而更加热爱学校、同学、班级，具有与他人协同活动的能力，学会自尊、自爱，能以他人的眼光看问题，使学生由被动的学习转变为学生学会、会学、好学、乐学，使教学在社会化的道路上前进一大步。

旧有的教学模式是以教师的讲授为主，学生的学习处于被动接受的状态，学生缺乏合作意识，与他人相处、交往的能力低下，尤其是在独生子女占相当比例的今天，很多孩子已逐步形成唯我独尊的思想观念，懒于思考、懒于动手，没有良好的学习习惯，缺乏好学上进、合作竞争的意识。随着科学技术的迅猛发展和信息社会的到来，未来社会越来越注重个人能否与他人协作共事，能否有效地表达自己的见解，能否概括与吸收他人的意见等。因此，培养学生团结、协调的群体合作精神显得尤为重要。

翻转课堂"三翻三步五环节"在"围桌式"课堂教学中的应用研究，以"关注学生生命发展"为目标，以培养和发展学生创新能力和合作能力为重点，力图改变原有的、单一的灌输式教学模式，努力创设一个"指导自学—合作交流—师生互动—能力提高"的、新的、开放民主的课堂教学模式。"初中道德与法治试卷学生自主讲评课"就是在这样的教学环境下提出的，以学生自主讲评课的形式进行教学，既可让小组成员在互相比较中进步，也可让优生帮助差生，让同组组员在学习过程中互相学习，互相促进，共同成长。

（二）给力政治教学，打造高效课堂

1. 构成学生自主讲评课的七个环节

（1）单元试卷命制研究：分年级备课组制定单元试卷命制双向细目表，命制单元试题。

（2）培养学生学会制定评分标准：在每次单元考试结束后，按照班级分组学习制定评分标准和细则。

（3）组织学生尝试评改本班试卷：利用单元测试，组织学生试评本班试卷，并统计成绩。按照中考题型，每班分 10 组，每 2 组评改 1 道大题，独立评卷，独立分析。如果试卷分数差距大，两个组要讨论统一。

（4）组织学生通过"爱学"平台、微信群、QQ 群讨论交流所改试卷存在的问题。

（5）组织学生尝试在全班讲评试卷：分组派代表在全班讲评本组所改试卷存在的问题。

（6）形成单元自主评讲试卷的方法：各个年级每月组织 1 ~ 2 次单元测试，由学生自主评卷和讲评。

（7）组织科组内的观摩研讨课：全组每月组织 2 次观摩研讨活动，积累优秀实验案例，改进和完善学生自主讲评试卷课型实验。

2. 教师教法的高效

学生自主讲评课使教师的传统角色发生了重要的转变，教师，不再是知识的灌输者，而是学生的对话者；不再是道德与法治教材的宣读者，而是理解者、解读者；不再是道德与法治课堂的操纵者，而是教学过程的主导者。让学生讨论、解答、评分、分析、展示，让学生主宰试卷讲评课堂的始末，这样的教法，才是学生欢迎的教法，才是教师应取的教法。这样的教法，才能让学生张扬主体性意识，以自主学习的方式，达到高效学习的目的。

3. 学生学法的高效

旧课程理念支配之下的试卷讲评，强化了教师的形象，淹没了学生的潜能，教师读答案、学生抄答案的被动接纳使课堂了无生机，如一潭死水，这样的课何谈高效？而学生在试卷讲评课中通过"爱学"平台、微信群、QQ 群讨论交流所改试卷存在的问题，突破时空的限制，及时把自己的困惑、思考、感想、收获等进行互动并产生共鸣，解决学习中遇到的疑难问题，从中获得某一问题的深层理解。当然，学生的学法和教师的教法是密切关联的，学生的学法，需要教师的点拨和引导。学生阅读道德与法治试卷，捕捉有效信息、归纳分析、讨论辩论，所有的活动离不开教师关注的目光和悉心的引领，否则，学生的活动将会杂乱无章，学生的学法也无法高效进行。

4. 教学细节的高效

精彩的教学细节，往往是教学行为的亮点所在。因此，试卷自主讲评课，不应忽视教学的细节。如：评分细则的制定，是否符合课标的要求；试卷问题的设置，是否诱发学生的思维，是否呈现一定的梯度；通过"爱学"平台、微信群、QQ 群讨论交流所改试卷存在的问题，是否延伸到了现实生活，是否带领学生"向洋看世界，极目观江天"；全班交流评析的节奏把握，是否张弛有度、急缓适当，是否留有空隙；教师点拨解惑，是否画龙点睛、升华旨意，是否启发学生多层面、多角度来思考问题……以上这些细节，有时却能成为教学行为的精彩笔墨，将这些有效的教学细节串联起来，就会成就高效的思想品德课堂。

（三）探究教学途径，优化教学方法

（1）教育社会学认为，同辈团体是影响课堂教学效率的一种重要的现实因素，小组合作学习是一种动态的集体力量，要使学生的小集体成为认识的主体来发挥作用。小组合作探究学习把个人自学、小组交流、全班讨论、教师指点等有机地结合起来，在小组合作探究学习中，每个成员都能在组长的带领下积极主动地参与试卷讲评，始终保持踊跃地讨论、学习和发言的状态。特别在分组讨论评分细则时，组内成员相互合作，激发了学习热情，挖掘了个体学习的潜能，增大了信息量，使学生在互补促进中共同提高，不仅使学生学会、会学，而且使学生乐学、好学，真正使学生学得轻松，教师教得愉悦。

（2）科学研究证实：每个人都是富有潜能的创造者，中小学阶段是发展学生智力、开发学生潜能的最佳时期，只要教育恰当，引导得法，完全有可能把青少年头脑中蕴藏的智慧潜能进一步开发出来。通过小组合作探究学习，使用"爱学"平台、微信群、QQ 群进行讨论交流，全班在课堂中交流评析，真正实现共赢。优生起到领导组织的作用，后进生也得到了充分的展示和锻炼，从而使优生更优，后进生的成绩也得到了明显的提高。自主讲评试卷的尝试改变了学生袖手旁听的被动学习状态；改变了学生懒于开口、过分依赖教师的被动学习方式，赋予全体学生更多参与和锻炼的机会，真正使每一位学生都得到发展。

（3）马克思认为，人只有通过主体活动，才能对客观世界发生作用，才能主动地认识客观事实，并在这一过程中改进发展和完善人本身。传统课堂问答关注学生个体的表现，而学生自主讲评试卷注重团队的合力，评价机制转为小组之间的竞争。为此，小组成员间就要加强了解和信任，彼此交流、支持和帮助，积极协调解决评卷过程中的各种矛盾，构建融洽协作的伙伴关系。可见，学生试卷自主讲评对培养学生提高团队合作意识和人际交往能力有非常重要的意义。

（四） 培养自主学习能力， 彰显教学实践价值

《基础教育课程改革纲要（试行）》指出，要"改变课程实施过于强调接受学习、死记硬背、机械训练的现状，倡导学生主动参与、乐于探究、勤于动手，培养学生搜集和处理信息的能力、获得新知识的能力、分析和解决问题的能力以及交流与合作的能力"。因此，在翻转课堂自主学习的方式下开展初中道德与法治试卷学生自主讲评课教学实践的价值显而易见。

（1）初中道德与法治试卷学生自主讲评课促使学生拥有了自己的体验和情感的投入，促进本学科教研活动走向信息化、专业化、研究化、科学化，提升学科教师的科研能力、信息技术能力、职业幸福感，提高教师的专业水平，提升我校的教育教学品质。

（2）有利于教师进一步更新观念，改变传统的教学方式。"切实转变观念，这是实现教学根本变革的前提"，在网络环境下对初中道德与法治试卷学生自主讲评课的研究与实践，就是要引导教师转变教学观念，树立以人为本、促进发展的课程观和学生观，突破接受学习的定势，探索引导学生自主学习的教学方式和策略，不断提高课堂教学效率。

（3）在大力提倡改革学习方式的今天，在教师的指导下，学生通过研究探索的方式自主地讲评试卷，获取和运用的新的学习方式，有利于培养学生探究学习的能力。

（4）有利于拓展教学内容，开阔学生的知识视野，使讲评试卷从封闭走向开放，体现以学生为主体的教学思想。初中道德与法治试卷学生自主讲评是一种开放的试卷讲评教学形式，学生完全可以按照自己的节奏和步调进行学习。它可以因人、因题而异，恰当地拓宽内容，开发课程资源；可以适度体现课内外、学科间的联系；可以利用网络等信息渠道尝试进行初中道德与法治试卷学生自主讲评。

（5）通过学生分组制定试卷评分细则，自主评卷，自主分析，使用"爱学"平台、微信群、QQ群讨论交流，全班交流评析，教师点拨辅导，微课解惑辅导，使学生更加深入地掌握课标要求，系统把握教材内容，培养学生自主分析试卷、找出学习问题的能力，提高学习成绩。翻转课堂，在解决教育教学的问题中体现了它的价值和意义。

教师必须重新审视翻转课堂背景下学生自主讲评试卷的价值，重新定位教

师这一角色，积极创设适合学生讲评试卷的氛围，时刻把握"学生是学习的主人"这根主线，让学生自主讲评在新课改中彰显独特的魅力。我相信，随着课堂改革的不断深入，翻转课堂下的初中道德与法治试卷学生自主讲评课必将在实践中不断完善与成熟，成为优化政治课堂教学的一朵璀璨的奇葩。

参考文献

[1] 闲冬云. 试卷讲评课应注意的五个问题 [J]. 中学教学参考，2009 (18)：24.

[2] 吴春喜. 考后 100 分：提高讲评课效率的一项有效策略 [J]. 教学与管理，2005 (16)：35.

[3] 姚荣峰. 浅谈试卷讲评课的优化教学 [J]. 中学数学杂志，2003 (11)：9 - 11.

[4] 黄耀，林孟芳. 培养质疑能力 引导自主学习 [A]. 教育部中国教师奖励基金会、中教创新教育研究院. 全国教育科研"十五"成果论文集（第 5 卷）[C]. 北京中教创新软件发展研究院，2005：3.

[5] 温伟明. 自主学习活动中信息技术与课程整合的模式 [A]. 中国教育技术协会. 中国教育技术协会 2004 年年会论文集 [C]. 中国教育技术协会：中国教育技术协会，2004：5.

[6] 席伟新. 让每块金子都发光："自主、合作、探究"学习方式初探 [A]. 江苏省教育学会 2005 年小学语文优秀论文集 [C]. 江苏省教育学会，2005：8.

[7] 冯学身. 简谈贫困山区初中学生的"自主学习" [A]. 中国人才研究会教育人才专业委员会、中国未来研究会教育分会、发现杂志社. 中国当代教育理论文献：第四届中国教育家大会成果汇编（上）[C]. 中国人才研究会教育人才专业委员会、中国未来研究会教育分会、发现杂志社：发现杂志社，2007：2.

[8] 鲍吉党. 对学生自主学习能力培养的探讨 [A]. 北京中教创新软件发展研究院. 国家教师科研基金十一五阶段性成果集（贵州卷）[C]. 北京中教创新软件发展研究院，2010：2.

[9] 黄晓浪. 点燃学生自主教育火花 [N]. 中国教育报，2002 - 10 - 07.

[10] 黄毅. 用新课标搭建学生自学平台 [N]. 成才导报. 教育周刊，2005 - 01 - 02.

[11] 李昕. 重视学生自主探索精神的培养 [N]. 人民政协报，2010 - 03 - 04.

[12] 王鑫. 小组联动：学生自主、合作学习和管理的动力 [N]. 天津教育报，2010 - 12 - 22.

[13] 刘月亮，王春华. 目标分层教学对学生自主实践能力的培养 [N]. 学知报，2010 - 11 - 15.

[14] 王奕标. 透视翻转课堂：互联网时代的智慧教育 [M]. 广州：广东教育出版社，2016，09.

在翻转中感悟　在反思中成长

——关于翻转课堂在初中历史教学中运用的几点思考

海口市第九中学　叶飞飞

摘要： 随着新课改的深入以及现代教育理念的不断丰富和发展，学生的主体地位也日益突出，于是，新的教学模式也开始运用到了初中历史教学的课堂之中。其中，翻转课堂是目前应用的最普遍的新型教学模式，它的实施包括微课制作、学案设计等环节。在这一教学模式下，能够有效提高学生的思维能力、探究能力，也能很好地激发学生的学习兴趣，其次还能使课堂的气氛变得活跃，实在是值得推广的一种教学模式。当然，翻转课堂如果不好好设计，就无法真的实现翻转，也就达不到我们想要的效果。我校开展的"335"翻转课堂已初步取得成效，笔者根据自己的教学经验与教学反思，针对如何在新课改背景下更好地实施翻转课堂提出几点思考，望能与广大初中历史教师同人一同探讨。

关键词： 翻转课堂；历史教学；课程改革

（一）绪论

翻转课堂（Flipped Classroom）兴起于美国，它主要是指在信息化的社会中，教学者利用各种多媒体和网络资源以及先进的教学技术，为学生制作学习资源，学生可以通过事先观看教师提供的微课视频和其他学习资料、与同伴互动并完成练习以此来掌握新内容的形式[1]。这样，课堂时间就能交给学生们自由掌握，教师也不会占用课堂时间来讲解新知识。这些新知识学生也可以通过观看相关讲座、查看电子书等方式的自主学习来获得。同时，学生还可以利用网络平台，与同学们进行在线交流、讨论，遇到不懂的可以先自己查阅相关资料。这样不仅能锻炼学生的表达能力，也能培养学生的思维能力并使之得到提升。课堂上，教师可以有更多的时间与学生交流，学生则需要自己去规划学习内容和结构，自主规划知识框架等等。每个学生都能根据自身的学习水平进行有针对性的学习，成为学习的主导者。教师的任务是采用一些方法，如讲述法等，以满足学生对于学习的需求[2]。但是，翻转课堂说到底也只是教学方式的一种，它蕴含的教育思想以及教育理念才是值得思考的地方[3]。例如，教育不是使学生成为"考试机器"，而是促成学生的全面发展。在社会不断发展的今天，比起教授知识，更重要的是激起学生的学习热情，正所谓"授人以鱼不如授人以渔"。教育者更应该是学生的朋友，与学生共同成长。

在初中，历史往往被当作副课，学生学习知识往往都是为了应付考试而被动地学，并没有真正经过自己思考。翻转课堂是初中历史教学创新的一个重要方式，并且适应新课改的要求。在初中历史教学过程中，教师如若能运用好翻转课堂这一新型授课方式，将更能提高学生的学习兴趣，开拓学生的学习视野，进而提高学生的人文素质，培养适应社会发展需要的新型人才。当然，事物都具有两面性。翻转课堂也会有不足之处，在中国的可行性尚且不高，翻转课堂教学模式和教学设计是研究热点，但对这两方面的应用和实验研究还远远不够[4]。

我校自开展翻转课堂这一全新教学模式以来，进行了许多探索，我有幸成为参与者。本文就围绕"翻转课堂"，以统编版历史教材为例，根据实际情况探讨翻转课堂在九中历史课堂教学中的运用。

（二）　初中历史教学案例

1. 微课的制作

翻转课堂最基本的步骤就是运用微课展开课外教学。历史教材主要以文字类型的资源为主，缺乏文字、图片和视频资源的整合[5]。如果纯文本教学学生难免会觉得有些枯燥。微课可以通过简单的语言，把本课重点知识传递给学生。并且学生对这种类型的短视频颇感兴趣，利用微课视频能够提高学生的学习兴趣。另外，每个微视频后都有教师精心设计的相关检测题，学生在网络平台上完成教师布置的练习，检测效果又能通过网络平台反馈给教师，这样教师就能知道学生在哪部分存在着不足，针对这部分问题，教师进行二次备课，后续教学可以更有针对性。所以微课的运用在历史翻转教学中起着非常重要的作用。

（1）案例一。

以统编版七年级下册第 3 课"盛唐气象"为例。根据教纲要求，学生学习完本课除了要掌握唐朝社会经济发展的表现、唐朝民族交往的史实、唐朝的社会风气和唐朝的文学艺术成就，还要进一步认识到我国成为统一多民族国家的过程以及正确的民族政策对巩固统一多民族国家起到了促进作用，培养学生树立民族平等、民族团结和各民族共同发展的观念[6]。传统的课堂教学以教师讲解为主，教师通过讲授新课给学生灌输知识，主要讲述唐朝前期经济繁荣的表现、唐朝时民族交往的史实、唐朝开放的社会风气、唐代诗歌和书画的代表人物。这些内容比较易懂，学生完全可以通过阅读课文内容和完成课前导学案弄明白，教师应该把重点放在与学生探讨书本呈现的知识的背后不好理解的问题。传统的课堂教学最大的弊端就是没有注意到学生的主体地位，淡化了学生与教师之间、学生与学生之间的互动，没有很好地引导学生独立思考。

为了解决学生们的疑问，完成教学目标，笔者设计了具有针对性的教学计划，制作了对应的微课视频供学生们观看，并且精心准备了帮助学生学习的课前学习材料。

微课视频信息	
选题意图	①唐朝前期，农业、手工业、商业方面都突飞猛进，为社会发展起到了很大的作用，有很多值得学生学习之处。 ②通过学习唐朝的民族关系，能让学生认识到唐朝开明的民族政策对民族交往和交融起到的推动作用，更深刻地体会到统一多民族国家的发展过程。 ③从微课视频制作的方面来看，本课知识联系性强，且可选用的史料、图片、视频等资源较多，比较容易操作。 ④从学生学习的角度上看，学习历史不单单是学习表面知识，更应该学会透过现象看本质
适用对象	七年级学生

（续表）

微课视频信息	
学习目标	①通过自主学习和阅读教材，完成课前导学案。 ②通过观看微课视频，能够归纳唐朝前期经济繁荣的表现，理解唐代和睦的民族关系，了解唐朝开放的社会风气，知道唐代诗歌和书画的代表人物并理解其艺术特点。 ③通过自主学习，能够感受到唐朝盛世气象。 ④完成课后检测题
教学用途	①课前让学生观看该视频，让学生了解并掌握本课主要知识点。 ②课后辅导以及知识的复习，帮助学生对于历史知识有一个系统、完整的认识，便于以后复习、巩固
预计时间	12 分钟

微课程设计	
教学过程	设计意图
①导入新课（2分钟） 你听过《蜀绣》《青花瓷》这两首歌吗？这两首歌都赞美了古代中国高超的手工业技术。以丝织品、瓷器为代表的手工业，在唐朝发展如何？唐朝盛世，人们的物质生活和精神文化生活有哪些表现？当时的民族关系如何？唐朝在文学艺术方面又呈现出什么样的辉煌局面？	由学生熟悉的歌曲引入新课，让学生带着问题学习，激发学生的学习兴趣
②介绍本课的学习目标（30秒） a. 归纳唐朝前期经济繁荣的表现。 b. 理解唐代和睦的民族关系。 c. 了解唐朝开放的社会风气。 d. 知道唐代诗歌和书画的代表人物，理解其艺术特点	提出学习目标，让学生有针对性、有目的地进行学习

（续表）

微课程设计	
教学过程	设计意图
③讲授（5分钟） 结合相关史料、图片，讲授新课。通过经济的繁荣、民族交往与交融、开放的社会风气和多彩的文学艺术，了解盛唐的社会气象；以文成公主入藏为例，说明唐代民族关系的和睦	图片史料相结合，能让学生身临其境般地感受到盛唐气息
④提出问题（30秒） 唐朝时经济繁荣的原因是什么？	抛出问题，让学生独立思考
⑤盛唐气象小结（1分钟） 盛唐之"盛"体现在哪些方面？	帮助学生提高知识总结的能力，也可以帮助学生复习之前的知识

通过以上的微课视频设计可以看出，相比于传统课堂教学，利用微课视频进行教学，具有很强的针对性，让学生很容易就掌握了本节课的基础知识。并且利用多媒体，展示图片、音频类型的史料，很容易就激起了学生的学习兴趣，这样学生也不会感到枯燥、烦闷。

（2）案例二。

以统编版七年级下册第三单元第15课"明朝的对外关系"为例：

微课程设计	
教学过程	设计意图
①出示地图，教师依据教材注释指出"西洋"的地理范围。接下来，教师出示郑和个人资料，让学生了解这位伟大的航海家（4分钟）	结合图片和材料，提高学生的学习兴趣
②教师从郑和七下西洋的规模、路线两个方面，结合"郑和下西洋路线图"，向学生讲述郑和七下西洋的概况。学生在观看视频时，让学生在世界地图上找到对应的当今的具体位置和大概路线，让学生明确郑和下西洋涉及的地理范围及最远地点（5分钟）	结合地图，能很好地培养学生的历史时空观

（续表）

微课程设计	
教学过程	设计意图
③教师过渡：到了明朝中期，国力减弱，海防松弛，加上明朝海禁政策、日本国内政局动荡等国内外形势影响，中国东南沿海地区饱受倭寇侵扰。这种"倭患"严重威胁到沿海地区民众生命财产安全，而为了保卫家园，一场反侵略战争的爆发在所难免。戚继光抗倭斗争就是这样一场正义的民族自卫战争。 ④接下来教师出示戚继光的个人资料，向学生讲解戚继光抗倭的经过。最后指出戚继光抗倭的意义 （6分钟）	加深学生对新知识的理解，让学生明白国力强弱影响着对外关系
⑤播放《七子之歌·澳门》，总结本课，情感升华 （1分钟）	历史教学中要注意培养学生的历史情感，而不是把学生培养成"考试机器"

　　本课中出现的戚继光，在倭寇骚扰我国沿海地区时，被明政府派到浙东沿海抗倭，在人民群众的大力支持下，肃清了侵扰我国东南沿海的倭寇。这是我国历史上人民抵御外侮的胜利，捍卫了中国的主权，保障了我国沿海地区人民的生命和财产安全。戚继光是我国的民族英雄，他具有高度的社会责任感与强烈的爱国精神，这是非常值得我们学习的。历史教学中非常容易产生感情共鸣[7]。教师在微课视频中一定要注意提到这一点，引导学生感情的升华，避免在翻转课堂这种教学模式下学生缺失了历史情感，否则就违背了历史教学的价值，这样的教学显得毫无意义，也不利于培养学生的人文素质。笔者认为，在视频最后可以提到戚继光的诗句"封侯非我意，但愿海波平"。这句诗体现了戚继光淡泊名利，抵抗侵略，维护祖国领土主权完整的爱国主义精神，这样可以在历史课堂中培养学生的家国情怀。

　　看完了微课视频以及教师补充的课前材料，学生可以完成教师提供的检测题。学生做题的结果可以通过网络平台反馈给教师，这样教师就可以很清楚地看到哪些知识学生没有掌握，这样教师就可以有针对性地设计课中学案了。

2. 课堂中的学案设计及实施过程

（1）翻转课堂的课中学案设计。

翻转课堂的课堂学案设计也是很重要的，如果设计的方案不能引导学生独立思考，那么取得的效果也就不明显。

以第15课"明朝的对外关系"为例，教师可以先让学生将基础知识回顾一遍，然后通过分析课后检测题，指出学生在知识掌握中存在的不足，并对这部分内容加以讲解，并提出思考题，让学生分组交流合作，最后通过反馈评价，了解本课所取得的效果。具体如下：

课题名称	明朝的对外关系
学习目标	①通过观看微课视频和课前材料以及对课前问题的思考，能够清楚地知道本课的重点学习内容。 ②通过和小组成员的探讨，将本课知识难点弄懂。 ③根据教师的引导，学生通过思考，将疑难点转化为自己的知识。 ④通过练习中考题，将所学的知识运用到中考题中
重点难点	①郑和能成功实现远航西洋的条件。 ②戚继光抗倭成功的原因
基础知识梳理	略
课后习题反馈	略
问题探究	①郑和能成功实现远航西洋的条件是什么？ ②戚继光抗倭成功的原因是什么？
成果展示	学生将小组讨论的结果通过平板展示出来，教师进行点评
连接中考	略
反馈评价	可以通过评价量表进行评价与反馈，学习结果和学习过程都要兼顾。在翻转课堂的评价机制中，不单单是学生参与到评价的过程中，教师、家长、学校以及同学也应该共同参与[8]

从以上课中学案设计可以看出，基础知识的梳理有助于帮助学生巩固课本上的基础知识；让学生分组讨论，充分体现了学生的主体地位，讨论成果的展示也可以反映出学生的学习情况。最后，通过评价机制，完成对学习过程的评价。

（2）课中学案在课堂中的实施过程。

教师在设计了课中学案之后，下一步就是根据学案实施授课过程了。教师在进行翻转课堂授课时，要注意学生的学习情况，发现学生有疑惑的地方时及时引导学生进行思考，更要注意一些"滥竽充数"的、不积极参与课堂讨论的学生。笔者设计的课中环节大致如下。

第一，展示学习目标，让学生梳理基础知识。

第二，教师展示学生课后习题的完成情况，指出学生存在的问题。教师讲解完后学生们总结仍然有疑惑的地方，教师让学生充分讨论后，引导学生思考并进行回答。

第三，教师提出本课的难点问题，让学生分组讨论。

第四，让学生通过平板电脑展示小组的讨论成果。这其中会有一些积极性不高的同学既不参与课堂讨论，也没有自己总结答案，等着别的同学写出答案。这样下去的话，这些同学独立思考、交流的能力就不能得到充分的锻炼。对此，教师可以在学生回答问题的时候随时提问其他同学，让其必须对答案进行点评或者提出质疑，这样也可以考察其他同学对本课知识的掌握程度。学生能够回答出问题的答案，是不是就代表着他们已经完全理解本课知识的含义了呢？答案当然是否定的。很多学生为了展示答案，只是单纯地在课本上找答案，一整段一整段的生搬照抄，这很显然没有真正地理解知识点。这时就需要教师的点拨提示，在学生回答完问题后，教师可以先让其他学生进行补充或者点评，最后教师再进行补充。这样，学生们就能够理解知识，融会贯通，充分转化为自己的知识。

第五，笔者还根据每节课的特点设计了不同的活动环节，以激发学生的兴趣。如统编版八年级下册第4课"工业化的起步和人民代表大会制度的确立"一课中，笔者让学生畅想到了"十四五"计划时中国将会发生的变化；第9课"对外开放"中，笔者让学生以小组为单位查找资料，课堂上让学生通过小品、导游词等方式展示出深圳等地在开放后出现的变化，以此来加深学生对对外开放带来的巨大影响的理解。

第六，连接中考。学生理解知识，又是否会运用到做题中呢？答案也是否定的。翻转课堂最终还是要与中考挂钩，教师在对学生的回答进行补充之后可以利用多媒体教学设备出示关于本课内容的相关习题，出示题目后，根据中考要求给出合理的时间让学生思考，再让学生进行回答。在得出不同答案的情况下，教师可以先让学生进行讨论，最后再进行系统的点拨。教师还要注意讲授做题的方法，比如要注意提取关键信息，与所学知识结合，结论与史料要相对应等等。做完习题，教师可以与学生一起将本课的知识结构梳理完整，画出结构图，这样有利于巩固所学知识，将知识系统化、完整化。

第七，可以采用评价机制进行评价，学习结果和学习过程都要考虑到。重视学生在学习过程中付出的努力，对学生积极的学习态度进行鼓励，促成学生的全面发展。

（三） 翻转课堂在初中历史教学课堂中的优点以及存在的问题

1. 优点

（1）适应新课改的要求。

随着新课程改革的开展，学生的主体地位越来越受到关注。普通初中历史课程标准要求："鼓励自主、合作、探究式学习，提倡教师教学方式和教学评价方式的创新，使全体学生都得到发展。"过去的历史课堂教学只是"教师教，学生学"这种方式下，学生学习较为被动；另外，教师"满堂灌"的教学方式也不利于学生自主学习能力的培养。在翻转课堂这一教学模式下，学生在网上自主学习、交流，在课堂上通过讨论得出答案，很好地培养了学生的自主学习、合作、探究的能力。

（2）有利于激发学生的学习兴趣。

历史是非常丰富生动的。但是因为教学模式的老旧，过去的历史课堂大多是以枯燥的背诵记忆为主的[8]，所以学生慢慢地失去了学习历史的兴趣，无法发现历史的魅力。面对西方文明的冲击，学生渐渐地对中国传统的历史不再感兴趣，慢慢地遗忘了历史，而忘记历史就等于背叛。当前，我们要让学生重拾对历史的兴趣，就必须变革老旧的教学方式。在翻转课堂这一教学模式下，课前学生可以利用教师精心准备的视频材料和导学案自主学习，学习过程中可以与老师和同学在线交流，分享学习心得；课堂上可以提出疑难之处，通过讨论，主动得出答案。这种课堂授课方式不仅灵活，还新颖别致，激发了学生的学习兴趣。

2．存在的问题

（1）学生学习的自主能力仍不足。

翻转课堂要求学生要具备非常高的自主学习能力以及自我管理能力。翻转课堂需要通过网络平台来完成课程的学习，利用网络与同学交流讨论，这就要求学生要具有很强的自我管理能力以及自主学习能力。网络中其他诱惑因素太多，初中生正处于青春期，对于很多诱惑因素没有什么抵抗力。在这种自主学习的环境下，学生如果没有很强的自我管理能力以及自主学习能力的话，很容易迷失学习的方向。有些学生会假借学习的名义，利用网络做些别的与学习无关的事情，进而荒废学业；还有些学生在观看视频时不认真，直接把进度条拉到最后，跳过学习的过程；还有的同学不与同伴在线交流学习心得，也不参与课堂讨论等等。在实行翻转课堂的实践过程中，我发现有些自控力不强的学生在课堂上利用平板电脑做与学习无关的事，这些学生根本无法适应翻转课堂的要求。因此，想要进一步开展翻转课堂教学，就必须要训练学生的自控能力，培养学生自觉学习的习惯。如何培养学生自觉学习的习惯呢？首先，培养学生学习的兴趣。因为兴趣是最好的老师，有了兴趣，学生对于学习不会觉得只有负担，这样学生就会自觉地学习，挖掘新知识。其次，要让学生养成自觉学习的习惯，还要转变学生的观念，不能认为学习只是被迫接受知识，而应该主动学习，发现学习的美。

（2）传统观念制约着翻转课堂的开展。

翻转课堂的开展需要家长的配合。但依据目前情况来看，很多家长都不太认可这种教学模式。大部分家长受传统教育方式的影响，对教师过于依赖，认为没有教师一直监督孩子的学习的话，孩子学习成绩会下降。还有些家长认为互联网平台的教学不利于孩子的学习，容易使孩子受网络世界的诱惑，并沉迷于网络世界中无法自拔，对孩子的成绩造成不好的影响，对这种新的教学模式并不太认可。

（3）翻转课堂对学校和教师提出更高的要求。

从学校来看，实施翻转课堂需要投入大量的人力、物力、财力，比如购置新设备、网络平台的搭建等等。翻转课堂的实施，对教师来说也是一项巨大的挑战，教师的角色与能力是翻转课堂成功的关键[9]。翻转课堂的实施需要教师准备教学视频、导学案、课前材料、设计测试题等，这些需要教师投入大量的时间。其次，翻转课堂对教师的教育理念和技能水平也有更高的要求。很多教师无法适应新的教学模式或技术，教学观念、利用多媒体的技术较落后，无法真正做到"翻转"。翻转课堂还要求教师及时了解学生存在的疑虑，根据学生的学习水平对学习进行评价。翻转课堂也要求教师熟练运用计算机和多媒体，掌握视频录制、编辑、信息加工处理等技能。再者，在必须保证升学率的前提下，很多教师担心实施翻转课堂会导致教学进度落后，学生成绩无法得到提高等等。诸如此类的因素都在制约着翻转课堂的开展。

（四） 总结

翻转课堂的实施对于我国素质教育的推进具有巨大意义。一方面，翻转课堂的实施有利于提高学生的独立思考、自主学习的能力，能激发学生对于学习的兴趣，锻炼学生的批判性思维；另一方面，它使学生在学习知识的同时，素质的培养也能够得到保障。在研究和分析相关材料之后，我发现，虽然翻转课堂要求在课前观看教学视频，但视频的制作、应用并不是翻转课堂效益发挥的唯一条件，其效益的发挥是教学视频、微课堂设计与课堂组织管理等诸要素融合的结果[10]。翻转课堂将传统课堂 40 分钟的讲课内容压缩在 15 分钟以内传递给学生，把更多的时间交给学生，让学生自主学习，确实为翻转课堂发挥更大效益提供了广阔的空间。但这并不意味着取代教师的讲授，而是在讲授的具体形式上、讲授的重点上会有所变化。所以翻转课堂的核心思想，与其说是对传统课堂的"颠覆"，不如说是对从知识传授到知识内化这一过程的合理调整。

在我国，翻转课堂也只刚刚起步。是否适应我国国情，需要经过长时间的实践检验。国内翻转课堂涉及的领域较少，在中小学学科应用中还不成熟并且存在着很多挑战[11]。由于我国目前的教育还是以应试教育为主，学科考试成绩实际上是对学生学习成果评价的最主要的标准，学生的升学率则是对学校工作评定的最终指标，所以学校对包括翻转课堂在内的教学改革持观望态度在所难免，教师和家长对素质教育也可能会采取相对保守的立场也在情理之中。不管何时，我们都应该把学生置于主体地位。教学改革是艰辛的，道路是漫长的，需要社会各界的共同努力。

参考文献

［1］张渝江. 翻转课堂变革［J］. 中国信息技术教育，2012（10）：118 – 121.

［2］钱国贤. 翻转课堂教学模式研究［J］. 考试周刊，2013（81）：176 – 177.

［3］翻转课堂都有哪些缺点？［OL］. https://www. zhihu. com/question/22513449.

［4］朱琼莉. 国内翻转课堂研究现状和趋势分析［J］. 兰州教育学院学报，2015，31（09）：103 – 105.

［5］詹泽慧，梅虎，詹涵舒，等. 中、英、美开放课程资源质量现状比较研究［J］. 比较教育研究，2010，32（01）：44 – 48 + 53.

［6］课程教材研究所. 中国历史七年级下册教师教学用书［M］. 北京：人民教育出版社，2017.

［7］阚麒吉. "翻转课堂"在高中历史教学中的应用［D］. 鲁东大学，2015.

［8］张囡. 论"翻转课堂"教学模式在高中历史教学中的运用［J］. 中华少年，2016（10）：212 – 213.

［9］朱宏洁，朱赟. 翻转课堂及其有效实施策略刍议［J］. 电化教育研究，2013，34（08）：79 – 83.

［10］刘健智，王丹. 国内外关于翻转课堂的研究与实践评述［J］. 当代教育理论与实践，2014，6（02）：68 – 71.

［11］王米雪. 国内外翻转课堂研究现状与趋势分析：基于期刊文献的内容分析［J］. 中国医学教育技术，2015，29（06）：607 – 611.

语文智慧课堂云管理

海口市第九中学　唐小燕

摘要： 让网络成为语文教学的一部分是未来教学发展的必然趋势，本文从学习任务云发布、参与情况云监督、学情云考核三个方面探讨智慧课堂如何运用网络实现对学生的云管理，从而达到高效管理学生课后学习生活的目的。

关键词： 智慧课堂；云；管理；监督；考核

随着时代的发展，科技渗入人民生活的每一个角落，刷脸付款、扫码支付、网购等已在无声无息中成为人们生活中不可或缺的一部分。同样，科技也在改变着教学模式，"智慧课堂"是应景而生的科技课堂模式，在此种模式中应如何管理学生，充分发挥学生的学习主动性，提高课堂教学效率？云技术在课后的运用是管理的关键。下面，笔者将从三个方面谈谈语文智慧课堂的云管理。

（一）学习任务云发布

传统学习任务的发布方式主要以家庭作业的布置为主，智慧课堂运用网络平台，实现了学习任务的多样化发布。

1. 自学视频的多态发布

为了让学生更好地理解授课内容，教师可在平台中发布与课文相关的生动视频，让学生课前观看。如《济南的冬天》一课，教师可在平台上发布济南这座城市的介绍视频，课前让学生了解济南这座城市，提高学生学习这一课的兴趣。此外，教师也可发布自己录制的微课，让学生课前自学部分内容。如《观沧海》这首诗，教师可录制自己对这首诗的简短讲解，让学生对这首诗有所理解，随后课堂上以习题检测的方式上课，这样可以提高学生的自学能力，增强学生学习的主动性。

2. 家庭作业的精细发布

语文课堂的作业布置，很多时候需要附加不少要求。比如作文的布置，简短布置即"写一篇主题为'母爱'的作文"，精细布置即"写一篇主题为'母爱'的作文（要求：用上人物描写方法、用上修辞手法，用总分总式结构……）"。传统课堂作业的布置，由于黑板空间的限制，作业的布置多以简短布置为主，以便于学生记录，但这样不利于向学生传达老师的要求。利用平台布置，可向学生呈现教师对作业的更多要求，更利于学生按要求精细完成作业。

此外，用平台布置作业可以避免部分学生因懒惰而不记作业以至于回家忘记作业是什么的情况，也可让家长更清楚地了解家庭作业的布置情况，有利于家长在家辅导监督孩子完成作业。

平台布置作业还具有随时性，比如假期，教师临时有任务布置，都可以在平台上发布，达到"隔空"管理学生假期的效果。

3. 课堂内容的课后发布

面对多彩的语文课堂，课堂时间常常不够用，于是赶课成了不少教师的常态。在赶课的过程中，学生需要提高记录笔记的速度，对于写字较慢的学生，常常无法在规定时间内记完笔记。在传统课程中，学生只能找别人借笔记或者空着不写，智慧课堂可把课堂笔记在平台上发布，为课堂来不及完成笔记记录的学生提供方便，更有利于学生完整把握课堂内容。

（二）　参与情况云监督

1. 完成率的精准呈现

首先，学生完成平台作业后，教师可以通过平台精细地知道哪些学生不完成，节省了教师统计学生作业情况的时间，更有利于教师对学生作业的完成情况进行管理，及时督促学生完成作业，减少学生作业累积不完成的现象。

其次，教师可通过平台把握每道题的得分率和失分率，更好地了解学生对每种题型的把握，以便在课堂上把握讲解的重点。

最后，教师可以将学生的多样化作业答案进行整理、编辑，系统地在课堂上呈现同一种题学生的多样化答法，利于举一反三，提高了讲题的效率。

2. 多样化监督手段

对于课前没有自觉在平台上完成自学的学生，智慧课堂可运用多种手段进行监督。

（1）打卡。教师可在规定时间内要求学生打卡，并在电脑前进行点名。

（2）视频授课。教师可在电脑上打开视频软件，与学生进行视频授课。增加学生对网络课堂的兴趣，实现"隔空"传授。

（3）家长建群管理。为了更好地帮助家长在家监督辅导孩子学习，智慧课堂还可通过建群的方式，及时跟家长沟通，为想在家帮助孩子学习的家长提供便捷服务，促进家校合作。

（三）掌握学情云考核

学生学习成果如何？传统教学中评价单一，主要通过书面考试、教师打分进行考核，而智慧课堂可实现多种形式的考核。

1. 学生互点评

通过平台，学生可看到别的学生的作业情况并可进行点评，这样，不仅增加了学生学习的兴趣，更让学生了解除了教师之外更多的作业点评，为学生更好地完成作业带来了动力。同龄人的点评，更容易让学生接受。

2. 平台智能点评

智慧课堂还可充分利用平台进行智能点评，智能点评功能可以实现每个学生的作业都能被点评到，避免出现大班额的教师点评力不从心的现象。

3. 平台限时测验

在传统教学中，测验以课堂考试的形式出现，而智慧课堂的学生可以在电脑上完成测验。教师提前设置好试题，这样即使学生未到学校，也能进行考试。比如，因特殊情况不能来学校的学生可通过平台及时测验；疫情期间运用此种方法进行测验，对学生的学习起到了督促的作用。

　　平台测验，教师可设置考试时间，更好地训练学生对考试时间的把握。同时限时考试也提高了学生考试的紧迫感，帮助学生集中注意力参加考试。

　　把网络智慧地融入教学管理中，是智慧课堂的一大特色。在智慧课堂中，学生只有在学习中发挥主观能动性才能参与到智慧课堂中，这就改变了学生的角色，更好地改变"填鸭式"传统教学中学生的学习状态，为现代社会培养主动探索的新一代。挖掘网络在语文教学中的运用，将更有利于现代语文教学。新型的语文智慧课堂是提高语文教学的有效课堂模式，学生互评、限时测验、打卡、视频授课等手段不仅与时俱进，更让语文课堂学习弥漫新鲜感。曾有人这样形容："如果你小于 20 岁，你是数字土著；如果你大于 20 岁，无论你懂多少技术，你都是数字移民；如果你大于 40 岁，且拒绝使用技术，那么你就是数字恐龙。"智慧课堂是新时代、新技术的课堂，身为新时代的语文教师，我们需要不断地开发和挖掘，才能更好地适应新时代发展的需要。

参考文献

[1] 黄荣怀. 智慧教育的三重境界：从环境、模式到体制 [J]. 现代远程教育研究，2014
　　（06）：3 - 11.

"师徒互助、 互利共赢"

——翻转课堂在物理学科中的运用

海口市第九中学　蔡妹

摘要：　海口市第九中学于 2016 年跟北京四中网校联合创办智慧课堂，在信息技术的支持下开展具有九中特色的翻转课堂教学模式即"335"翻转课堂教学模式。全新的教学模式如何高效地应用于物理学科中，教师如何教、学生如何学等一系列问题摆在教师和学生面前，如何很好地突破教与学的困境，从中找到两者的平衡点，就是我们当下急于解决的首要问题。在总结和归纳海口九中之前开展的两大课题研究的基础之上，结合学生物理学习的实践活动，我积极探索"师徒互助、互利共赢"的物理学习模式，并致力将其运用于物理多种课型的教学实践当中，从学生的学习成绩可见其成效性。在此归纳总结，积累教学经验，以期更好地促进自身专业能力的提升。

关键词：　翻转课堂；"335"翻转课堂教学模式；师徒互助

（一） 翻转课堂在海口九中开展的可能性

翻转课堂起源于 2007 年或更早一些，由美国林地公园高中两位化学教师亚伦·萨姆斯（Aaran cams）、乔纳林·伯格曼（Jonthan Bergmann）创新并全面应用。2011 年以来伴随互联网而产生的这种新型教学模式——翻转课堂，在世界日益流行，吸引了大批学校和教师投身"翻转课堂"的教学实践中。翻转课堂知识传授在课下，知识内化在课上。传统的教学模式是教师在课堂上讲课，布置家庭作业，让学生回家练习。与传统的课堂教学模式不同，在翻转课堂教学模式下，学生在家完成知识的学习，而课堂变成了教师与学生之间、学生与学生之间互动的场所，包括答疑解惑、知识的运用等，从而达到更好的教育效果。

纵观翻转课堂发展史，现代化教学媒介乃是翻转课堂赖以形成的基础性保障因素，无论是马祖尔的课堂应答系统，还是国内的慕课联盟，其实际运行都需要以现代化教学媒介作为基础性保障条件。海口市第九中学于 2016 年开始，跟北京四中网校合作，借助于"爱学"平台、北京四中网校的网络资源以及多媒体现代媒介的配合，学生人手一台平板电脑作为学习工具，这样的配置为海口九中顺利开展翻转课堂教学模式提供了可能性。基于对海口九中现有学生学习能力水平的预估和学校现代化教学媒介的逐渐配置成熟度等多种现实因素考虑，海口九中提出了适合本校特色的翻转课堂模式即"335"翻转课堂教学模式（"三翻三步五环节"）。三翻是指在"以教师为中心"转变为"以学生为中心"的教学理念的引领下，从教学形式、教学角色、教学评价三个方面进行翻转。一是，教学形式的翻转，由"课堂讲解＋课后作业"翻转为"课前学习＋课堂探究"；二是，教学角色的翻转，教师由"知识传授者"翻转为"学习的促进者"，学生由"被动授受者"翻转为"主动探究者"；三是，教学评价的翻转，由"传统纸质测试"评价方式翻转为"多角度、多元化"评价方式。课前三步骤是指学生课前观看微课、完成导学案、教师进行学情分析。课中五环节是指学情反馈、聚焦问题、合作释疑、展示交流、检测提升。

"335"翻转课堂教学模式的运用效果可以从 2019 届、2020 届四个智慧班的中考成绩进行整体评估，初三（1）班和初三（2）班 2020 年中考总成绩的平均分分别为 714 分、724 分，居全年级前两名（见表1），学生优异的中考成绩足以证明"335"翻转课堂教学模式的成效性和可行性，也更坚定了学校将翻转课堂的应用扩大到更多的班级和学生当中的决心，参与课题研究的教师队伍也在逐步扩大。新的教学模式对每位教师现代信息技术的娴熟运用提出了新的挑战，如何在自己的专业学科中较好地开展"335"教学模式就成了智慧班教师要努力突破的问题，积极地面对、巧妙地思考、灵活地运用是解决问题的正确态度和健康心态。

表 1　海口市第九中学各班级 2020 年中考成绩统计表

班级	总成绩平均分	年级排名
初三（1）班（智慧班）	714	2
初三（2）班（智慧班）	724	1
初三（3）班	597	17
初三（4）班	616	14
初三（5）班	695	3
初三（6）班	624	11
初三（7）班	634	8
初三（8）班	640	6
初三（9）班	598	16
初三（10）班	678	4
初三（11）班	623	12
初三（12）班	602	15
初三（13）班	626	10
初三（14）班	566	18
初三（15）班	618	13
初三（16）班	650	5
初三（17）班	623	12
初三（18）班	638	7
初三（19）班	630	9

（二）翻转课堂中开展 "师徒互助" 的必要性

翻转课堂的最大特点在于其对传统的课堂教学模式进行了大胆突破，即"课上"与"课下"活动的互换，尽管看起来只是一个学习形式的变化，但事实上这一变化却引起了课堂教学重心的转移，曾经的讲授式学习被基于项目的学习等学习方式取代，后者在翻转课堂中完全居于中心地位，因为教师的讲授被转移到课下进行。换言之，学生的学习方式发生了大逆转，学生在课堂上的学习广度、深度都发生了深刻转变，不仅有了更多的时间针对性地解决课前学习中的疑惑，"以学定教"，而且可以在课堂上有更多的时间与教师进行深层次的交流与互动，这对学生课前的学习能力提出了更高的要求。不同的学生，原有的知识储存、学习的接受能力都不同，这就决定了学生在完成课前学习任务时，能否达到翻转课堂所要求的学习程度。这一问题摆在了教师面前。为了保证这一环节的顺利开展，让教师能深入地了解学生的学情反馈，为更好地开展课中教学做好充分准备提供保障，这就有必要在学生之间开展"师徒互助"的学习模式。在学生当中，充分发挥班级中学科学习成绩优异的学生，利用课下的学习时间及时地帮助学习基础不够好的学生，解决他们在预习环节中出现的基础问题，可以弥补课堂上教师无法做到面面俱到，无法实现因材施教的教学局限性，让课堂上全体师生共同聚焦教学和学习的重难点，深入讨论、交流合作成为可能。当学生完成课堂检测，知道检测中做错了的题目时，在进行自我思考的基础上及时地安排几分钟"师徒互助"的学习环节，是非常有必要的。这可以让学生及时地从同伴中得到疑难问题的解决方法，及时地清除学习上的障碍，对学生的学习自信心会有很大的增强作用。而教师也成功地从知识的传授者顺利地转型为知识的引导者和点拨者，站在更高的角度对学生的学习进行更好的指导。

（三）　翻转课堂中开展 "师徒互助" 的可行性

陶行知先生在1923年创立了义务教育的"小先生制"。他认为能给需要帮助的学生提供最好帮助的人，不是教师或其他人；而是学生群体中进步最快的那部分学生。小先生制"即知即传人"，促进知识的传播，这种制度与"连环教学法""即知即传""传递先生"之间有互通互补之妙。由小先生制得到启发，我尝试了在物理学科课堂学习中开展"师徒互助"学习模式，将班级中学生根据物理学科成绩进行排序，选取班级中排名前一半的学生当"师父"，另一半的学生当"徒弟"，采用"一对一"互助学习模式。通过反复的课堂实践，证明这种模式具有很强的可行性，具体表现在其不受学习空间的影响，在翻转课堂的"335"教学模式中，它更容易开展。学生在课前完成前置任务的过程当中遇到的学习障碍，可以随时在学校利用空余时间直接进行"师徒"对话，及时地扫清预习中碰到的困难；在翻转课堂的授课课堂中，进入课堂检测环节，学生当场完成课堂检测后，可以及时地安排"师徒"互助，第一时间让班级中优秀的学生从学生的认知角度去讲解知识，这样使基础差的学生更容易接受和理解。在优秀学生讲解的基础上，教师从更深的层次进行点拨和引导，学生才能更好地理解和掌握。下表是开展"师徒互助"的其中一个班级的安排情况，以段考和期末考试的成绩作为参考来安排和调整（表2）。

表2 海口市第九中学初三（11）班物理学科师徒结对名单

序号	师父	徒弟	序号	师父	徒弟
1	周沐熙	王海蓉	15	莫少鸣	黄采韵
2	李紫烨	王敏蓉	16	杨士博	梁 友
3	邹昊原	林芳朋	17	常 欢	李春春
4	王会翔	吴多颖	18	符蓝云	关佳恩
5	陈 琪	蔡超博	19	陈馨予	莫嘉驹
6	吴冯铭宇	程守炜	20	冯思图	唐术恒
7	林一村	黎昌显	21	黄俊程	蔡金洋
8	卢 想	陈徵政	22	洪若曦	肖 颖
9	王祺绩	陈保鑫	23	江嘉鸿	吴明隆
10	张晨蕾	曾 福	24	何如来	王树其
11	吴淑媛	叶如玉	25	冯学哲	王智弘
12	孙乐沆	黎继豪	26	苏 颖	王芷涵
13	林心雨	何安楠	27	袁 成	杨明宇
14	王小可	吴玉婷	28	梁文婧	吴清泽

（四）翻转课堂中开展"师徒互助"的成效性

海口九中自2016年开始尝试开展翻转课堂的课题研究，并结合本校的特点提出"335"教学模式。作为第一批智慧课堂的2019届毕业生，其中考成绩令人欣慰，加上2020届毕业生的辉煌成绩，更加证实了智慧课堂的成效性。我有幸在2020届全年级学生当中顺利开展"师徒互助"学习模式，将2020届全年级初二物理成绩和初三物理成绩进行对比，初二第二学期期末全年级物理平均分为65.3分，初三第一学期期末全年级物理平均分76.6分，优秀的学生更加优秀，基础差的学生变成了中等生，也可以看出智慧课堂的成效性。最具说服力的是在2020年海南省中考中，海口九中物理学科获得A等级的学生人数为459人，得A率为38.9%，位居全省公办学校第二名的好成绩。初三（2）班和初三（1）班中考物理得A率分别为74.2%和63.5%，居全年级第一、第二名（见表3）。优异成绩的取得更证实了智慧课堂的成效性，也更加坚定了我们在物理学科中将持续开展"师徒互助"学习模式的信心。同时，我们也对"师徒互助"学习模式如何开展、如何评价、如何调动学生的学习参与度等问题进行了更深入的思考，并作出适当的调整，这样，才能真正意义上发挥其对翻转课堂的促进作用，才能更加顺利地保证翻转课堂的有效实施并达到预期效果，真正地把课堂学习的主动权交回学生手中，让学生努力成长为自己学习的主人，成为学习的主动者、探索者，学生的聪明才智和学习潜能才能得到充分发挥，从而达到教育的终极目标——让每一位学生都具备高度的自学能力，懂得利用各种现代技术去很好地解决学习上的困难。

表3　2020年海口市第九中学各班级中考物理得A率统计表

班级	物理得A人数	物理得A率（%）	排名
初三（1）班（智慧班）	40	63.5	2
初三（2）班（智慧班）	46	74.2	1
初三（3）班	16	25.8	14
初三（4）班	12	21.1	16
初三（5）班	37	59.7	3
初三（6）班	23	40.4	7
初三（7）班	18	29.0	12
初三（8）班	28	44.4	5
初三（9）班	16	26.2	13
初三（10）班	34	52.3	4
初三（11）班	24	40.7	6
初三（12）班	12	20.3	17

（续表）

班级	物理得 A 人数	物理得 A 率（%）	排名
初三（13）班	20	33.3	11
初三（14）班	15	25.0	15
初三（15）班	21	37.5	8
初三（16）班	22	35.5	9
初三（17）班	24	37.5	8
初三（18）班	22	33.8	10
初三（19）班	18	29.0	12

以课题研究带动教学的研究，以研促教，是教师应该具备的教研能力。在经历了长达 11 年的由海口九中开展的三个全校性课题研究后，我更确定了在学生当中开展"师徒互助"学习模式的可持续性，这是一个可以实现互利共赢的良好活动。不仅仅是对学生而言，对教师本身也是一种促进——能够让教师的专业能力水平得到很好的发展和提升。教学在继续，教研也将持续开展，带着思考去从事教育教学，努力开展更优化的教学模式和有效的学习模式是教师不变的宗旨。我相信，只要是能让教学富有成效的方式方法都将值得我们去尝试和探索！

参考文献

［1］蒋虹. 信息技术课上学生"师徒结对"式协作学习策略的研究［J］. 中国现代教育装备，2011（22）：4－5＋7.

［2］张新. "师徒结对分层互助"教学探析［J］. 吉林教育，2010（31）：31.

［3］袁玲. 小组内"师友互助"学习策略运用的研究［J］. 青春岁月，2019（26）：20－21.

第二章

教学案例
与反思

第一节　课前三步骤

一、学生课前观看微课

学生课前观看微课的教学案例与反思

海口市第九中学　符恋

（一）教学案例

"提供一种既令人愉快又有用的东西，让学生们的思想经过这样的准备之后，他们就会以极大的注意力去学习。"这是著名的教育家夸美纽斯对课堂教学氛围重要性的阐述。同样，"互联网＋"背景下的翻转课堂教学模式也注重课堂教学氛围，以及学生学习的兴趣。为此，教师在课前设计了让学生观看微课的环节，在上新课之前，学生通过使用平板电脑观看微课，对整堂课要学习的内容有了一个初步的了解，对新课的预习效果也更加显著。有效的课堂导入犹如乐师弹琴，若第一音符就悦耳动听，达到先声夺人的效果，就能很好地激起学生学习的兴趣，让学生形成积极的学习情感。

例如在上到七年级上册中国历史课本中的第 10 课"秦末农民大起义"时，安排学生课前观看微课视频《陈胜吴广起义》并完成相应的练习题。通过平台的数据收集，了解了学生的课前预习情况，习题的完成率、正确率以及错误率比较高的题目，如课前微课观看完成率是 82.27%，未完成率是 12.7%。从数据中可看出，大部分学生还是比较自觉，能及时完成课前微课观看任务，教师要在课堂上对这一部分同学给予表扬；还有小部分未完成的学生，教师需要查明未完成的原因，在后续的课堂教学中要注意跟踪。根据这些数据教师再进行二次备课，在课前展示学生观看微课和练习完成情况，对完成较好的学生提出表扬，激励学生的学习积极性。同时也要展示在做预习习题中错误率比较高的题目，让学生们带着疑问进入新课的学习，带着疑问学习也是提高课堂学习效率的一种有效方法。

又如在上七年级上册中国历史课本中的第 14 课"沟通中外文明的'丝绸之路'"时，在课前安排学生们观看微课视频《汉通西域》，由于学生通过微课已经初步了解了汉朝通西域的相关知识点，在正式上课处理"张骞通西域的路线"这一内容时，便可直接出示一图张骞通西域图（学生可以在各自的平板电脑上看到这幅图），让学生直接在平板电脑上试着画出张骞通西域的路线，写出路过的重要地点的名称，这样的做法既可以提高学生在课堂上的能动性，也能提高学生学习新知识的兴趣，让课堂活跃起来。这一做法也能让教师对学生出现的问题进行及时纠正，争取在课堂上让学生消化所学知识，解答学生的疑惑。

（二）教学反思

"互联网＋"背景下的翻转课堂模式倡导的是学生的自主学习，减轻教师的教学负担。实施这一教学模式的一个重要前提是教师本身要做足功课，即正确理解课标，认识教材，合理利用教材。一直以来，历史教学存在着一种普遍的现象，就是教师死教教材，学生死读教材，考试死背教材的现象。教师把教材、教参作为教学的主要范本，并以此来"规范"教学，在教学中按照课程的严格规定，按部就班，很少发挥教师的自主性，使课堂教学氛围缺乏活力，教师教得辛苦，学生学得费劲，纯粹的死记硬背让学生产生不想学、不愿学的想法。"互联网＋"背景下的翻转课堂模式则改变了这种教师教得辛苦、学生学得费劲的局面，让教师教得轻松，学生学得快乐。教师在备课时吃透课本，充分理解教材课标要求，理解所授课程的教学重难点，有利于设计相关的教学问题，引导学生对新知识的探知。由于在课前教师已经对教材进行了充分的解读与理解，安排学生课前观看微课，并通过平台数据统计了解了学生的完成情况，错误率比较高的题目有哪些，在此基础上把本课要解决的问题融入教学设计当中，让学生在自主寻找学案答案的过程中解决本课的疑难点问题，不再是硬生生地把问题抛给学生、教师讲解问题的按部就班的教学模式。这样可以营造轻松愉快的教学课堂氛围，激发并维持学生学习历史的兴趣。

同时，情感是教师与学生之间联系的纽带和桥梁，教学过程不仅是师生间信息的交流，更是师生间情感的交流。教师不仅要让学生感觉到他们的老师不仅是一座知识的宝库，更具有高贵的人格，是一个对他们有爱、有感情的人。教师要放下高人一等的架子，深入学生中间去，增加与学生交流接触的机会，与他们打成一片。多站在学生的角度设身处地地考虑问题，理解学生的各自感受，了解他们在学习生活中存在的各种问题，并加以解决，与学生尽量保持情感体验上的一致性，缩短与学生之间的心理距离，通过自己的眼神、语调、接触的方式和态度等，把自己对学生的关心与爱传递给学生，让学生对老师有一种亲近感。同样，在翻转课堂的教学设计中，课前观看微课这一环节也能拉近了师生之间的距离，一改常态，学生们由于在课前已经观看过相关的微课视频，对即将要学习的新内容、知识点有了一个初步的了解，在课堂上就能更好地与教师互动，也能让学生在课前观看微课时留下的疑问得到一个更好的解答。在历史课堂教学活动中，只要真正以学生作为教学主体，把激发每个学生学习的积极性、主动性和认知性放在教学活动的首位，关心每一个学生的兴趣所在，注重每一个学生的个性发展，寓教于乐，采取有效的教学方法、途径与策略，使课堂教学的有效性和创新性不断深化下去，学生的创新精神就一定会在创新课堂中得到不断的成长。

二、完成导学案

"开花和结果" 一课导学案的编制

海口市第九中学　吴芳蕾

导学案是教师经认真备课后，以新课程标准为指导、以素质教育要求为目标编写的，用于指导学生自主学习、主动参与、合作探究、优化发展的学习方案。导学案以学生为本，以"三维目标"的达成为出发点和落脚点，是学生学会学习、学会创新、自主发展的路线图和指南针。

导学案既是学生自主学习的方案，也是教师指导学生学习的方案。翻转课堂的课前环节是学生自学微课，配合微课使用导学案引导学生自学非常必要。本文以"开花和结果"一课为例介绍导学案的编制过程。

（一）教材分析与学情分析

被子植物生长发育至一定阶段，就会开花、结果。学生对花的形态有一定的了解，但未必清楚花的结构。而了解花的结构，是理解传粉、受精、结果的基础。因此，教材以桃花为例介绍花的结构，接着简要介绍了什么是传粉，以及传粉的方式和媒介。然后，以图文结合的方式阐释了受精的过程，并简要介绍了受精完成后，子房发育成果实，胚珠发育成种子的过程。教学时，在学生掌握了植物开花、结果的几个关键阶段后，应引导学生通过想象把这几个阶段连接为一个连续的过程，理解花与果实、种子的关系。

七年级的学生对新鲜事物充满好奇，有很强的求知欲。开花和结果在日常生活中是较常见的现象，但学生未必清楚花的基本结构以及花与果实的关系。此年龄段的学生虽然抽象思维已有较大的发展，但仍需要有具体的感性知识作支撑，所以本节课以图片、视频、模具、实物等方式展开教学，设计情景让学生通过观察、思考、小组讨论的方式逐步突破重难点，获取知识。

（二）　教学目标与重难点

本节课的知识目标是概述花的基本结构和功能；学生所要达到的能力目标是描述传粉和受精的过程，并理解花与果实、种子的关系；情感目标则是认同花、果实、种子对植物繁殖后代的重要意义，形成爱护花、珍惜果实的环保意识。

本节课的教学重点在于认识花的基本结构，理解开花和结果的过程；难点在于理解受精的过程及受精后子房的发育。

（三）　编制导学案

1．明确学习目标

导学案的侧重点在于如何引导学生获取知识，习得能力，所以编制导学案时要紧扣教学目标，突出重难点内容。"开花和结果"一课导学案设计了三个学习目标，分别是：（1）概述花的基本结构；（2）描述传粉和受精的过程；（3）阐明花与果实和种子的关系。明确学习目标，有助于学生在观看微课视频时重点关注相应内容，不理解的内容可以拖动视频的进度条反复观看学习。

2．突破重难点

在指导学生突破重难点时，教师需要精心设计问题，它能起到"以问拓思，因问造势"的功效，问题既要源于课本，又要体现层次性，照顾到各类学生，对知识有所深化和拓展，实现逐步递进，先易后难。

本节课要突破的重难点有两项，分别是：（1）受精的过程；（2）果实和种子的形成。所以本节课的导学案设计了三个问题：第一题是花的基本结构，主要通过识图题来检验学生的掌握程度；第二题是以问答题的形式出现，引导学生从课本上找到并熟记传粉和受精这两个重要概念；第三题是填空题，通过观察子房图示和苹果的果实，完成图解梳理子房与果实的对应关系。

3．问题反馈

导学案中设计的第四个环节，专门收集学生自学过程中存在的困惑和不解，这些是教师进行二次备课的重要依据，学生提出的共性问题是教师课堂上要重点突破的难关，是教师课堂设计的关键所在。

4. 构建知识网络

导学案的初步目标就是让学生学会独立地将课本上的知识进行分析、综合、整理归纳，形成一个完整的科学体系，所以知识整理是导学案的重点。本节导学案设计的第五个环节，便是让学生用思维导图绘制本节课的知识网络。

5. 自学检测

自学检测是导学案的着力点，在自学微课的基础上，让学生独立进行一些针对性强的巩固练习，通过解题巩固知识，掌握方法和培养技能。教师在挑选题目时，要做到紧扣考点，所选题目应具有针对性和典型性，难度适中，既面向全体，又关注差异。同时注意题型要多样，题量要适中，以达到优化学生的认知结构，培养创新能力的目的。本节课的导学案设计了两种题型，分别是选择题和填空题，与海南省中考生物的考试题型一致，主要考察花的基本结构与功能，传粉、受精的过程，子房与果实的关系等知识点，通过学生的答题情况，教师了解学生自学的掌握程度，以此作为二次备课的重要参考。

导学案与翻转课堂的有机结合，遵循了"以学生为中心"的教学理念，体现了学生自主学习的主体地位，变被动学习为主动学习，使学生能够在导学案的引导下，降低学习难度。而教师借助于"学案导学"这一策略，了解学生自学情况的反馈，在二次备课时能够将学生存在的问题与教材有机整合，精心设计、合理调控课堂教学中的"教"与"学"，从而极大地提高了课堂教学效率。

附："开花和结果" 导学案

班级：_____　　　姓名：_____　　　座号：_____

【学习目标】

1. 概述花的基本结构。

2. 描述传粉和受精的过程。

3. 阐明花与果实、种子的关系。

【重点难点】

1. 受精的过程。

2. 果实和种子的形成。

【重点探究】

1. 右图为花的基本结构图，请仔细观察并
   回答问题。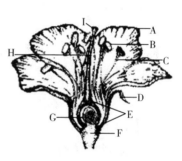

   （1）花的基本结构由_____、花托、
   _____、_____、雌蕊和
   雄蕊等组成。

   （2）花的主要结构雌蕊包括_____、
   _____、_____三部分。

   （3）雄蕊包括_____、_____两部分。

2. 什么是传粉？受精的基本过程是怎样的？

3. 观察子房的图示和苹果的果实，找到子房与果实的对应关系，并完成
   图解。

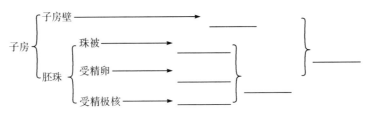

【问题反馈】

请写出你自学本课后存在的困惑。

【知识网络】

构建本节内容的思维导图。

【自学检测】

1. 植物的传粉、受精过程的顺序，正确的是 （   ）

   ①花粉萌发，生出花粉管   ②柱头分泌黏液   ③花粉管进入子房

   ④花粉落到柱头上   ⑤形成受精卵和受精极核   ⑥释放出两个精子

   A. ④②①③⑥⑤   B. ④①②⑥③⑤

   C. ②④①③⑥⑤   D. ②④①⑥③⑤

2. 描述花生果实的谚语中所说的"麻屋子""红帐子""白胖子"依次指的是 （   ）

   A. 果皮、种皮、胚   B. 果皮、种子、胚

   C. 子房、种子、胚   D. 果实、种皮、胚

3. 下列关于果实、种子中有关结构的来源，正确的是 （   ）

   A. 菜豆种子的外皮是由子房壁发育来的

   B. 苹果的果肉是由受精卵发育来的

   C. 花生的外壳是由珠被发育来的

   D. 桃子果实内的桃仁是由胚珠发育来的

4. 如图是桃花的结构示意图，下列叙述错误的是（　　）

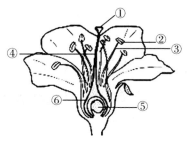

A. ⑤能发育成种子

B. 花粉落在①上的过程叫传粉

C. ②能产生花粉，花粉中含有卵细胞

D. ⑥能发育成可以食用的桃肉

5. 图1是桃花的结构模式图，图2是桃的果实示意图。请分析回答下列问题。

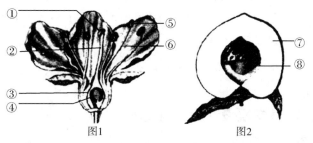

图1　　　　　　　图2

（1）桃花的雌蕊由 ［　　］ ＿＿＿＿＿＿、 ［　　］ ＿＿＿＿＿＿、
　　　［　　］ ＿＿＿＿＿构成。

（2）花粉从 ［⑤］ 落到 ［①］ 上的过程叫作＿＿＿＿＿，其方式有
　　　＿＿＿＿＿和＿＿＿＿＿。

（3）桃花的种子由＿＿＿＿＿和＿＿＿＿＿两部分组成。

"335" 翻转课堂教学模式导学案环节之案例与反思

——以 "两数和乘以这两数的差" 为例

海口市第九中学　吴凡

（一）导学案设计的特点

根据学习目标创设情景，层层深入地引导学生独立看书、自学、思考、探究，使学生通过课前自学对教材有一个初步了解并发现问题，完成第一次学习；然后在课堂上讨论交流、合作探究、分析问题，完成第二次学习。这种设计，为学生自主学习、合作学习、探究学习提供了条件和明确的学习任务，使每个学生的学习时间得到了保障，思考深度得到了加强。具有目标明、方法优、易操作、效果好、适用广的特点。

（二）导学案设计的常规要求

导学案不是简单地照搬课程标准中规定的学习要求和教材内容，而是以学生有效学习为教学设计的具体要求，设计的常规要求是：

①明确学习目标；

②帮助学生梳理知识体系；

③提供适当的学习方法和学习策略指导；

④提供检测学习效果的适当材料。

为达到上述常规要求，导学案的设计要过好两关。一是学生方面：学生的学习基础、学习兴趣及学习能力，是教师设计教学的出发点，了解学生的学习意向，体察学生的学习情绪，诊断学生的学习障碍，从而确定有效的、切实可行的教学对策。二是教材方面：吃透和挖掘教材的育人因素，立足学生全面发展，解决全面育人问题；吃透教材中对不同层次学生的学习要求，因材施教，解决"差异教育"的问题；吃透让学生参与知识发生、发展与应用全过程的脉络与布局，把握知识的停靠点、能力的生长点和思维的激发点，解决学生思考、参与、探索的问题。

课前准备的导学案，以学生发现学习中的问题为出发点，课前回忆与本节课有关的知识，复习与本节课学习的新知识相关的技能，观察与本节课内容有密切联系的生活现象，要解决掉本节课学习中最基础的知识，发现学习中的问题。

自我检测的教学设计主要意图：立足于学生学习中的问题和学习要求进行针对性训练。自我检测不是简单地做题，而是根据学生有效学习的要求进行有针对性的训练，供学生在课堂上检测学习效果，突出"学案"的检测反馈功能。

自我检测的设计主要由以下几方面组成：

①基础知识练习，关注本节课的知识点；

②变式训练，形成基本的知识与技能；

③联系生活实际，综合运用，解决问题，培养能力。

在设计导学案时，我会根据学习目标创设情景，逐步深入地引导学生独立看书、自学、思考、探究，使学生通过课前自学微课对教材有一个初步了解并发现问题，完成第一次学习；然后在课堂上讨论交流、合作探究、分析问题，完成第二次学习。这种设计，为学生自主学习、合作学习、探究学习提供了条件和明确的学习任务，使每个学生的学习时间得到了保障，思考深度得到了加强。我的导学案具有目标明、方法优、易操作的特点。

"两数和乘以这两数的差"这节课的内容，是在学生掌握了多项式与多项式相乘的基础上进行的，乘法公式除了给一类特殊的多项式相乘带来方便外，公式的应用（包括配方的思想方法），将为今后一元二次方程、二次函数等知识的学习作准备。

学生在自学本节课内容的微课后，再完成导学案。通过导学案，教师可以了解学生对知识点掌握的情况，发现学生对知识点的掌握还存在哪些细节上的不足，然后进行二次备课。

"两数和乘以这两数的差"的导学案如下。

（1）下列各式可以用公式 $(a+b)(a-b)=a^2-b^2$ 计算的是　　　（　　）

A. $(x-y)(x-y)$　　　　　　B. $(2x-3y)(3x+2y)$

C. $(-x-y)(x+y)$　　　　　D. $\left(\dfrac{1}{2}a+b\right)\left(\dfrac{1}{2}a-b\right)$

（2）填空：$(-2x - 5y)(-2x + 5y) = $ _____.

（3）填空：$(-5 + a)(\qquad) = 25 - a^2$.

（4）计算：

① $\left(\dfrac{1}{3}a + \dfrac{1}{2}b \right)\left(\dfrac{1}{3}a - \dfrac{1}{2}b \right)$；

② $(-2m - n)(2m - n)$.

自我检测并不是简单地做题，而是根据学生有效学习的要求进行有针对性的训练，供学生在课堂上检测学习效果，突出"学案"的检测反馈功能。所以我设计的这四道题的难度呈阶梯式上升：第一道题是基础题，让学生建立解决问题的信心；第二道题是需要根据"两数和乘以这两数的差"的公式结构特征计算出正确结果，但是其中相同项是带负号的单项式，所以第二道题的难度比第一道题的难度加深了一点；第三道题是公式的逆向运用，对灵活掌握知识点的能力有较高的要求；第四道题是需要写出完整的计算过程，而且其中两道小题的类型也是有区别的，比较灵活。

一份好的导学案既可以帮助学生初步掌握知识技能，又可以让教师了解学生的学习情况，在课堂上可以有针对性地进行教学。

三、教师进行学情分析

教师进行学情分析的教学案例及反思
——以 "名著阅读" 活动课为例
海口市第九中学　王小萍

　　海口九中翻转课堂的教育教学活动，是在"以学生为中心"的教学理念的引领下开展的。九中翻转课堂的教学形式由"课堂讲解＋课后作业"翻转为"课前学习＋课堂探究"，学生的课前学习任务有别于以往传统课堂的简单预习任务。因此，在开展"课堂探究"教育教学活动之前，教师如何有效地设计并组织学生完成课前学习任务，如何准确而细致地依据学生课前学习任务的完成情况来分析学生的学前学情就变得更加重要了。本文将结合具体的教学案例，来呈现笔者在分析学生的学前学情时的一些实践与思考。

　　学情分析，通常又被称为教学对象分析或学生分析。进行学情分析是对"以学生为中心"的教学理念的具体落实，是贯彻因材施教原则的必由之路，是有效教学设计的起点，一般包括学前学情分析和学时学情分析。本文主要探讨的是学前学情分析，即在翻转课堂"课堂探究"教育教学活动开始前，教师对学生已有情况的分析，包括学生的整体特点和个体差异，已有的认知基础和经验，学习兴趣、习惯和态度等。下面结合"名著阅读"活动课来谈一谈笔者是如何进行学前学情分析的。

　　学前学情分析，需要追踪、观察和总结一些数据，可以借助互联网平台来完成。"名著阅读"活动课，是需要提前比较长时间就开始布置课前学习任务的，尤其应当注重这个动态观察的过程。笔者首先通过北京四中网校的"爱学"平台，发布下个学期的"名著导读"微课学习和自读检测任务，接着在平台上密切关注、追踪和观察学生的阅读任务完成进度和检测情况，最后利用平台自动生成的数据和测验结果，进行学生的学前学情分析。

例如《骆驼祥子》整本书阅读的活动课，笔者借助"爱学"平台，对一班和四班两个班级阅读《骆驼祥子》的学前学情分析如下：（1）《骆驼祥子》整本书阅读微课学习的完成情况。一班55名学生，只有1名学生没有完成任务；四班54名学生全部完成任务。（2）《骆驼祥子》自读检测（单选题）的完成情况。两个班的学生全部完成检测，一班在测验中各题的正确率为65.5%～92.7%，平均正确率为80.1%，其中有8名学生不及格；四班在测验中各题的正确率为61.1%～92.6%，平均正确率为80.4%，其中有9名学生不及格。（3）《骆驼祥子》自读检测（多选题）的完成情况。两个班的学生全部完成检测，一班在测验中各题的正确率为25.9%～76.4%，平均正确率为48.7%，其中有20名学生不及格；四班在测验中各题的正确率为31.5%～79.6%，平均正确率为51.9%，其中有16名学生不及格。以上数据显示：两个班中有99.1%的学生都按时完成了"爱学"平台的微课学习和自读检测任务，两个班的学生对《骆驼祥子》一书在内容的熟悉程度上整体是相近的，除了不及格的学生外，其他学生都能大体了解作品的主要内容；而正确率偏低的题均与作品的具体情节、人物形象的理解和作品主题的解读有关，说明学生们还没有深入地阅读、思考和理解这部著作，尤其是自读检测不及格的同学。总结出这个学前学情分析的结果之后，笔者在进行二次备课时，作出如下调整：（1）在《骆驼祥子》阅读活动课之前，再留出一周时间让学生进一步阅读作品内容。（2）让学生带着课本的专题探究问题、自己不理解的问题和"爱学"平台测验中做错的问题，再次深入地阅读作品，找到他们心中的答案。（3）与36名自学检测不及格的同学面谈，了解他们具体的阅读状态和心态，帮助他们扫清阅读障碍，确保学生们都能愉快地投入"名著阅读"活动课中。这样充分的、有针对性的课前学习，使得学生们在"课堂探究"活动中畅所欲言，碰撞出有益的思想火花。

学前学情分析，还需要阅读相关的书面资料（包括阅读进度表、读书笔记本、学生成长记录袋等较为正式的书面资料），以及进行师生、家校谈话，再综合起来进行分析、总结。例如"关于《海底两万里》的专题探究"活动课，笔者在七年级上学期结束时就发给学生《海底两万里阅》读书进度表和读书笔记本，指导学生利用假期提前阅读完这本七年级下学期的必读名著，结合阅读进度表完成阅读进度的填写和读书笔记的记录。笔者鼓励学生们在疫情宅家期间，自己规划好名著阅读的时间，通过微信学习群、"秒应"、"每日交作业"等平台，及时按要求向老师反馈自己的阅读进度和阅读收获。笔者通过学生们反馈的信息，能比较及时地把握学生们阅读推进的过程，能比较及时地鼓励、指导和督促学生。待七年级下学期开学后，笔者根据学生们提交的《海底两万里》阅读进度表和读书笔记本，再结合与部分学生、家长的交谈，尽可能比较准确地掌握学生们关于《海底两万里》一书的阅读情况，从整体上来分析和判断学生们的阅读量和阅读时间的安排是否合理，是否真正有意识地培养好的阅读习惯，是否培养起阅读名著的兴趣，最后综合进行一班和四班两个班级阅读《海底两万里》的学前学情分析：（1）《海底两万里》阅读进度表的提交情况。一班和四班都只有不到一半的学生能按时提交，不少学生是填好表格后弄丢了，小部分学生是没有填写完表格（要么只连续填写一段时间，要么是不连续的填写）。（2）读书笔记本的完成情况。一班有44名同学完成，其中7名同学只完成了一部分，3名同学完全没写；四班有42名同学完成，其中8名同学只完成了一部分，4名同学完全没写。两个班均只有半数左右的同学完全按要求写了读书笔记。以上两点说明很多学生还没有养成收集、整理、填写和保管好阅读资料和认真做读书笔记的好习惯，这样不利于教师对学生进行名著阅读的过程性评价。（3）部分学生小学时已经读过小学生版的《海底两万里》，再次读《海底两万里》时依然很有兴致，个别学生因此而不再用心读，绝大部分学生都比较喜爱阅读这部著作。根据学生们的阅读兴趣和爱好特长，笔者将每个班级的学生都分成四个专题探究小组——专题一，绘制潜水艇简易图；专题二，人物与情节；专题三，探索"鹦鹉螺号"航行路线；专题四，科幻小说的魅力。各组学生根据要求进行对《海底两万里》的专题探究和PPT的制作。这样，笔者依据这份学前学情分析，组织学生们开展二次课前学习活动，并给予学生适时的、必要的帮助，这就为"关于《海底两万里》的专题探究"活动课的成功进行做好了充分的准备。

以上即是笔者粗浅的关于学前学情分析的一些实践和思考，这当中还存在着许多不足、遗憾和困惑。比如在布置学生的课前学习活动之前，笔者没有进行比较细致的第一次学情分析，不够重视学生间的个体差异，基本都是凭借已有的经验和对学生的整体了解来布置课前学习任务，这就为后面的学前学情分析埋下隐患，有时需要布置二次课前学习任务来弥补之前缺漏的问题。又如笔者通过收集和阅读学生提交的书面资料来进行学情分析时，耗时过长，不利于教学进度的安排。再如，由于笔者缺乏大量的实践经验，学前学情的分析还不能做到十分科学和细致等等。对于以上内容，期待同人们的批评指正！

翻转课堂

——促进学情分析上的精准

海口市第九中学 吴慧如

学情分析是教与学目标设定的基础，真正了解学生现有的知识结构、心理认知特点、学习能力、班级整体状态之下的学情分析才能使教学目标真正"落地"，为教学策略的选择和教学活动的设计提供落脚点，兼顾班级的整体性和学生的个体性，从而保障课堂教学的高效。而传统的课堂教学具有"满堂灌"的属性，教师以权威的角色贯穿课堂的始终，课上采用单向的信息传递，不论是教师的教还是学生的学都按照教案展开，学生成为被动的学习接受者，课前的学情分析没有结合学生的实际，而是出于教师的想当然。同时，由于教师个人精力有限，也无法全面地分析班级的整体状况，在学情分析上有所遗漏。而翻转课堂颠覆了教学结构，从学习知识主要在课堂、内化知识主要在课外翻转为学习知识主要在课外、内化知识主要在课堂，这就使得教师需要在课前进行二次备课，也就意味着需要进行两次学情分析。在第一次学情分析的基础上设计课前任务，学生进行自学，教师再根据反馈回来的课前任务的完成情况进行第二次的学情分析，这一次的分析落实在学生的课前学习上，准确地获取学生学情，为学情分析提供科学的依据。这样的做法既能服务于课前的知识学习，又能服务于课堂的知识内化。

翻转课堂的学情分析需要突出学科性，在此基础上对于学生的学习内容进行精选，以道德与法治学科中的"男生女生"一课为例，七年级的学生处于生理心理变化的关键时期，这一时期，男生女生在生理方面的差异会更加明显。在社会文化的影响下，男生女生在性格特征、兴趣爱好、思维方式等方面越来越多地表现出自己的特征，但是又不能认识到异性间的差异和优势，不能正确对待异性的优势。在学前任务的设置中，分别设置了预习案、探究案、训练案。预习案要求学生观看微课，结合课本，归纳知识点并做好笔记，培养学生阅读、分析、归纳整理信息的能力，让学生在自学过程中认识到男生女生生理特征及性别角色的差异，了解男生女生的各自优势及互补性，达成知识目标。而在探究案当中，布置了相应的思考探究任务：一是，在你的印象中，有哪些职业更适合男性，原因是什么？哪些职业更适合女性，原因是什么？二是，就护士这一职业来看，男护士有什么优缺点？女护士有什么优缺点？男女护士的搭配有利于什么？三是，如何做自己，才能不为性别的刻板印象所阻碍？从学生对性别差异的基本认识出发，创设情境，有序列地、有推进地进一步提出问题，激发学生的积极性，让学生在通过参与讨论、争论、辩论之后，学会理解并欣赏异性特有的思维方式和行为特征。同时，也能更具体地获取学情。训练案可以发布填空题、选择题、简答题、辨析题、探究题、材料分析题，以多种形式获取学生的认知基础、生活经验和能力素养，收集的课前数据形式多样、内容精准，有利于教师更准确地选取教学内容和设计教学活动，提高课堂的效率。

翻转课堂的学情分析需要突出整体性，在数字驱动下把握全班的精准学情，课前任务的时间截止后，教师可以获取全班的完成情况，包括完成率、得分率、完成时间、微课观看时间等各方面的信息，能够全面地了解学生学习的掌握情况以及在掌握过程中反馈的共性问题。比如大部分学生微课的观看时间过短，说明微课可能无法激起学生的积极性，不能很好地帮助学生完成课前学习；或者微课被反复点击，说明学生无法通过该微课完成自主学习，或者微课存在一定问题，教师需要重新录制视频；还可以从学生观看微课后留下的问题当中了解到学生对课前知识的掌握情况和本课的知识难点。通过整理在课前学习中产生的数据分析，可以有效地评价学习的进展，判断学生在学习过程中遇到的学习问题和困难，教师具体分析这些困难和障碍产生的原因，思考相应的、有针对性的教学策略。设计并及时调整教学活动，从而及时地帮助学生克服这些困难和障碍，促进学生的"学"，体现"以学生为中心""以学定教"的教学理念。

翻转课堂的学情分析需要突出针对性，体现学生的个性化学习。翻转课堂是实现个性化自主学习，促进学习个性化发展，培养学生自主学习和终身学习能力的新型教学模式。陶行知先生曾说："人不同，则教的东西、教的方法、教的分量、教的次序都跟着不同了。"因此体现个性化学习的教学目标、教学内容、教学活动都应视学情而定。从学生完成课前学习任务的反馈来看，教师不仅能得到整体的完成率和得分率，也能清楚每个学生的得分，这样不仅能了解共性的问题，也可以针对部分学生的问题进行个性化地讲解和帮助。除选择题之类的客观题外，教师还可以布置主观题，比如在"男生女生"一课当中，教师发布了一个视频，要求学生在观看视频后写下自己的感受。每个学生的感受不一样，表达也各不相同，这就需要教师逐个阅读每个学生的感想，一对一地进行评价，对于完成出色的学生进行留言夸赞并与之交流，对于表达不充分的学生进行引导和鼓励。让学生在课前的学习中体验、感悟，从而形成正确的性别观，能够以正确的态度对待性别差异，欣赏异性特有的思维方式和行为特征，从性别差异的角度认识、化解矛盾，学习与异性和谐相处的方式。在翻转课堂的学情分析过程中，教师借助实时数据分析，精准确定教学方法和策略，也让因材施教成为可能。

第二节　课中五环节

一、学情反馈

"互联网+" 背景下翻转课堂的实践与思考
——课中 "学情反馈" 环节的教学案例及反思

海口市第九中学　王中美

（一） "互联网+" 与翻转课堂

"互联网+"是指在创新2.0（信息时代、知识社会的创新形态）推动下由互联网发展的新业态。"互联网+"简单地说就是"互联网+传统行业"，随着科学技术的发展，利用信息和互联网平台，使得互联网与传统行业进行融合。

翻转课堂是指重新调整课堂内外的时间，将学习的决定权从教师转移到学生。在这种教学模式下，学生能够利用课堂内的宝贵时间，更专注于主动的学习，共同研究解决重难点问题，从而获得更深层次的理解。教师不再占用课堂的时间来讲授信息，这些信息需要学生在课前完成自主学习，他们通过看视频、听直播、在线讨论、在线测试等方式，可以随时查阅所需要的材料。

在互联网时代，学生可以通过互联网在线学习丰富的课程。翻转课堂让学生的学习更加灵活、主动，让学生的参与度更大、更强。翻转课堂是对基于印刷术的传统课堂教学结构与教学流程的彻底颠覆，由此将引发教师角色、课程模式、管理模式等的一系列变革。

课前，学生在线学习的主要体现是微视频，教师把要讲的内容、知识点编制成微视频让学生在家里自己看，这种自行观看微视频的最大好处就是形象生动、方便记忆。并且，学生在家里看的时候可以自己掌控节奏，不断看，反复看。每个学生的学习能力和接受能力是不一样的，有的学生知识接受得快，有的学生则相对来说慢一些。在课堂上直接教学，教师需统一教学进度与要求，就很难兼顾到每一个学生。以视频的形式在课前让学生自行观看学习就能很好地弥补这一缺陷，充分起到了预习的效果，是个性化教学的体现。

课中，学生带着问题进课堂，教师能够有针对性地对学生进行讲解，让学生展开充分的互动交流，进行自主思考。教师在其中起到的是一种助教、助导的作用，而不是像一般课堂上所处的一个以教师为中心的地位。课堂上将会有更多的时间和精力留给学生，体现学生课堂上的主体地位。

翻转课堂的"三步""五环节"指的是"课前三步骤"和"课中五环节"。具体来说，课前三步骤为学生课前观看微课、完成导学案、教师进行学情分析；课中五环节为学情反馈、聚焦问题、合作释疑、展示交流、合作提升。

（二）学情反馈，师生共享

在这里，将结合我上的《卖炭翁》这一课的情况，谈谈课中五环节之"学情反馈"。

课前，我在学习平台上发布了三个自学任务。

第一个自学任务：观看并学习《卖炭翁》的朗诵视频，朗读《卖炭翁》一诗，录制并上传你的朗读录音。要求读准字音、读出节奏、读出感情，建议配乐朗读。

第二个自学任务：结合课文注释，借助工具书，用现代汉语写出《卖炭翁》一诗的诗意（疑难之处请用红笔画线标注）并拍照上传。

第三个自学任务：学习《卖炭翁》的课件，思考作答以下问题，并拍照上传。

（1）《卖炭翁》讲述了一个怎样的故事？从故事中可以看出当时怎样的社会现实？请你用一两句话概述。（2）《卖炭翁》中对卖炭老人及宫使形象的刻

画，有不少精彩之处，试结合具体诗句做简要分析。（每个人物形象各举一两句诗为例）

到了上课时，我将学生关于这三个自学任务在学习平台上的完成情况进行反馈。

首先，反馈每个自学任务的完成率以及未完成该项任务的学生名单，我把学习平台上的统计结果以截屏的形式展示在上课的课件中。

其次，反馈每个自学任务完成得好的学生的作业。比如，学生上传录制的音频我直接在学习平台上打开并进行播放，学生上传拍照的图片则是展示在上课的课件中。

以上关于学情反馈的做法，通过学生的反应，下面我谈谈自己的一些想法。

关于反馈每个自学任务的完成率，我认为是必要的。"知己知彼"，要让学生知道该项任务班里同学的完成情况，知道自己的自学情况在班里属于哪一类。这样对于已经完成了的学生，不会沾沾自喜、自以为是；对于未完成的学生，不会觉得理所当然、麻木不仁。因为，有那么多的同学都完成了自学任务，大家都那么认真、努力。

关于反馈每个自学任务未完成的学生名单，我认为有所欠妥。记得有这么一句话，不要随意评价一个人，因为你不知道别人经历了什么。在课后与学生的交谈中，我了解到，有的学生确实是因为不可抗拒的原因才没能在规定的时间内完成自学任务。属于这一类情况的学生的姓名，如果被老师在课中在多媒体屏幕上展示了出来，学生心里应该是不好受的。所以，我后来把展示未完成自学任务的学生名单的这一做法改为展示未完成自学任务的学生人数。

关于在学习平台上打开并播放学生的朗读音频，我觉得这一做法好处多多。其一，真实。直接在平台上打开，让学生都看到这一同学确实是录制音频并上传了，老师更是课前逐一检查并听了大家的音频。其二，激趣。播放的朗读音频是同班同学录制的，听的时候，学生会更感兴趣。其三，收效。有这么一句话，引导孩子树立目标，要让孩子"跳一跳，够得着"。在课中，教师所展示的范例尽管不是那么完美，但由于是同班同学的作业，就会让学生产生这样的心理暗示——我也是可以做到的！

关于在上课的课件中展示学生的文字作业，我觉得这一做法也是好处多多。其一，鲜活。较传统课堂，学生文字作业的展示，常常是教师站在讲台上，把作业本拿在手里展示给班里学生看；或者是教师手里拿着作业本在班里有所走动地展示。这样的展示，并不是所有的学生都看得到或是都看得清楚。而现今，在多媒体屏幕上展示，鲜明、突出。此外，我在制作 PPT 时，还附上学生的姓名，以及"顶呱呱"的图案。从课中学生的反应来看，他们都很期待自己的作业也在其中。我想，学生有了期盼，有了奔头，也就有了努力学习的劲头！其二，具体。学生对问题的作答，对疑难的标注，清楚、明了。通过展示的作业图片，学生对班里同学该项自学任务的完成情况、知识的掌握情况会有相应的了解，再对照自己的情况，心里也会有高下之分了。

这些做法，在实践之后我都进行了反思，妥当之处，要发扬光大；不妥之处，定要毫不犹豫地摒弃。

（三）前事不忘，后事之师

学情反馈作为翻转课堂"课中五环节"之首环，它必不可少，也尤为重要。如何践行，如何取舍，是需要审慎考虑、设置的。

1．以真实为首

学情反馈，反馈的必须得是学情。教师必须做足课前的学情查阅工作，这样，课中的反馈才会有相应的收效。像上文所举之例，录制的朗读音频，拍照的文字作业，都是学生的真实学情，它们真实、贴切、鲜活，当教师在课中展示时，学生也就更感兴趣，教师的讲评也就更有收效。

2．以尊重为本

学情反馈不是赤裸裸的反馈，不要轻易伤及学生的颜面，要以尊重为本，掌握好反馈的度，适可而止。比如，上文所说的反馈未完成作业的情况时，可以公布未完成的学生人数，不宜公布未完成的学生姓名。学情反馈不能以露学生的丑为目的，而是让他们"知己知彼，百战百胜"。

3．以激励为主

在进行学情反馈时，该凸现的内容就应鲜明凸现，比如，展示完成得好的自学作业。这样，激励能够激励的学生，带动能够带动的学生。

　　那么，完成得不太好的作业是不是就不能展示？可以展示。只是，具体的做法有所不同。像前者，上文的做法是在课上的 PPT 上附有学生的姓名以及"顶呱呱"的图案；而后者，我们可以只是展示作业的内容，而不涉及展示学生的个人信息，聚焦学生在课前自学中出现的问题，以解决问题为目的。

　　"互联网＋"背景下的翻转课堂，发展至今，是新事物，也不是新事物。它需要我们勇敢地迈出第一步——实践，更需要我们勤勉地把步子走好——反思。我们要感恩新时代，勇于实践，在实践中摸索；我们要创造新美好，大胆前行，在前行中反思。仰望星空，脚踏实地，思行并进，定会有别样的收获！

学情反馈的收集及课例反思

海口市第九中学　林妍

互联网的普及和计算机技术在教育领域的应用，使翻转课堂式教学模式变得可行和现实。学生可以通过互联网去使用优质的教育资源，不再单纯地依赖教师去教授知识。教师更多的责任是去理解学生的问题和引导学生去运用知识。在推行翻转课堂的过程中，收集学生课前学情反馈是教师进行翻转课堂二次备课的数据依据。此文以外研版七年级英语"What are you going to do at the weekend?"课前学习设计及二次备课教学设计为例，详细介绍翻转课堂中的学情反馈这一环节。

所选模块话题符合教学实际，能帮助学生解决学习缺乏计划性的问题，有利于培养学生良好的学习习惯。此模块以周末计划为主题，引导学生掌握"be going to"的表达方式，使学生在掌握语言结构的同时，增强生活中的计划意识，同时也增强学习中的计划意识。

此课的课型是听说课型。对话的内容是两个学生 Betty 和 Daming 在谈论周末计划。通过本节课的学习，学生能用句型"be going to do sth."谈论自己的周末计划。为了更好地达成教学目标，课前布置了两个部分的自主学习任务。自主学习任务一：（1）观看微课，跟读单词及词组，在课文中划出并朗读上传平台；（2）总结微课里"be going to"形式的肯定句、一般疑问句以及特殊疑问句的变化规律，拍照上传平台；（3）学生在课前根据微课自主学习生词及词组，运用"be going to"形式造句，为课堂上口语操练的输出做了必要的输入。自主学习任务二：（1）观看微课后总结学习心得和体会，分享收获及提出疑惑；（2）听课本"activity 1"选出正确选项并跟读，完成课本"activity 2""activity 4"的练习。这一部分的设计让学生分享学习心得和体会，便于教师了解学生的学习情况。听力内容则锻炼学生捕捉信息的能力，后进生可对即将学习的新课有所预备，更容易融入课堂，为课堂上的教学活动做铺垫。

通过学生完成课前学习的情况，教师收集到了以下反馈：（1）对新生词进行拼读的过程中发音不够准确；（2）学生自主总结的"be going to"句型的

句式变化做得很好，语法结构已基本了解；（3）在运用目标结构造句的过程
中常见的语法和拼写错误依然存在；（4）学生们观看微课学习后提出的疑问
很好地为二次备课做了支撑，是教师在课堂中要重点解决的问题。

二次备课的教学设计主要针对解决以上收集到的学情反馈中出现的问题。
具体教学流程的设计见下表。

自学成果展示及反馈	对前置任务的完成情况进行总结和分析	对课前网络学习的情况进行总结分析，对做得好的同学给予表扬，对出现的问题及错误进行纠正引导
导入	1. 用前置任务里面学生分享的照片引出周末活动。 2. Guessing game	1. 可以激发学生的兴趣，激活词汇，为后面的口语操练打好词汇基础。 2. 猜测教师周末活动，"be going to"句型小试牛刀
运用所学	1. 听短文回答问题。 2. 再听一遍判断对错。 3. 跟读。 4. 分角色朗读课文	扫清了句型和词组障碍之后用听力材料创设情境学以致用
拓展	小组活动，模仿课文编对话	学生2~4人一组，模仿课文编对话并展示，这是一个输出的过程，是学生在前面的学习之后的提升和拓展
总结	学生以小组为单位讨论依然存在的疑难问题，并对今日所学画思维导图进行总结	引导学生对所学的知识进行整合总结

语音的输入和分音节拼读在课堂词汇教学中要时刻渗透。语法基本结构较
为简单，学生已在自主学习中有所了解和掌握不做过多赘述，为后面的操练节
约了时间。在学生提交的句子中可发现学生对成句依然有困难，所以课堂中大
量的语言输入非常重要，听力的输入，口语的输入和输出，是本堂课的重点。
为了解决学生提出的各个问题，课堂上课留出时间给学生进行小组讨论，在提
出和探索的过程中互相解答、互相帮助，从而解决问题，增强了团队意识。

翻转课堂中学生和教师的角色是否能顺利转换，教师是否能在课堂上高效
地解决课前自学后的遗留问题，收集学情反馈显得尤其重要。根据学情反馈进
行二次备课组织课堂的教师才是去理解学生的问题和引导学生去运用知识的课
堂组织者。

二、聚焦问题

聚焦问题　高效教学

—Unit 2　Cambridge is a beautiful city in the east of England

教学案例与反思

海口市第九中学　杜丽琼

在学校"335"翻转智慧课堂中，聚焦问题属于"课中五环节"中的第二环。教师根据学情，结合课标教学目标，安排课前任务。而学生通过自主学习，完成教师所安排的课前任务。之后，教师通过平台数据，发现学生在此课学习中存在的问题，并进行二次备课。教师在此次备课中，聚焦问题，用问题来进行导学。这里的问题导学必须是在教师充分调动学生质疑的前提下，也以学生已预先熟悉本次课为起点，根据教与学的实际，把握好本次课的知识结构，分清重点与难点。在此基础上，由易到难，组织学生进行课堂活动。在教学过程中，针对问题的解决，较容易的可由学生单独探究来完成，较难的可分小组讨论来完成。从而促使教学目的的达成，并达到较好的教学效果。

下面就以外研版英语八年级上册，第三模块第二单元的阅读课为例，浅谈聚焦问题式的问题导学在此课教学中的作用。

Unit 2　Cambridge is a beautiful city in the east of England

【教材分析】

Through comparing the two cities—London and Cambridge, let students grasp the usage of comparison of adjectives in English. By showing the picture, make

137

students master the four compass points（east，south，west，north）.

【教学目标】

1. Key vocabulary—east，south，west，north，church，million.

   Key structures—have a population of，lots of，be famous for.

2. To get information about Cambridge，London and Britain.

3. To know more about own home town，own country and love to know more about the foreign cities and countries.

【教学重点】

1. To learn the reading method.

2. To learn some expressions about asking ways and giving directions.

【教学难点】

1. To get information from the article.

2. To write a composition by using the comparative degree.

以上是课标中对本节课的教材分析，以及对教学目标及教学重难点的阐述。简而言之，就是要让学生掌握方位词，用数字讲述人口的多少，理解文章中对于两个城市的比较，最后还要能写一篇文章来介绍某个地方的方位、人口等内容。而本次参与授课的八年级（3）班，绝大部分同学对方位掌握得很好；对于千位及以下的数字掌握得不错，而对于万位及以上的数字才接触，不是太熟练；对于作文，要介绍一个地方，家乡绝对是他们最熟悉的地方。于是，我就安排了以下课前导学任务。

8A　M2U2 课前导学任务

（一）自学单词和短语

1. ［iːst］ _____

2. ［wɛst］ _____

3. ［saʊθ］ _____

4. ［nɔːθ］ _____

5. ［ʌmˈbrɛlə］ _____

6. Cambridge is a beautiful city. It's _____ （在……的东部）England. And it is _____ （特别闻名于）its university, Cambridge University.

7. Tourists can enjoy the trips _____ （沿着河边）by boat.

8. The population of London is _____ million （750 万）. It is larger than that of Cambridge. Cambridge only has a population of _____ thousand （120,000）.

9. Come and see England _____
_____ （一年中的任何时间）.

10. It's often rainy, so remember to _____
_____ （随身携带把雨伞）.

（二） 看图并用方位词介绍城市

1. Cambridge is _____ England.

2. London is _____ England.

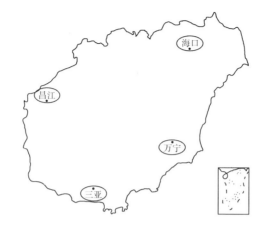

1. Haikou _____ .

2. Sanya _____ .

3. Changjiang _____ .

4. Wanning _____ .

（三）介绍自己家乡（包括方位、人口多少、有名景等）

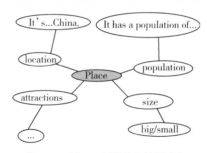

注：attractions（吸引人的地方）

1. This is my hometown, _____ .

2. It is _____ China.

3. It has a population of _____ .

4. It's a _____ city/town/village.

It has many famous places, such as（例如）_____ .

在二次备课前，查看了学生课前导学任务的完成情况，果不其然，任务二完成得很好；任务一中的人口数字部分没有写对；任务三中的家乡描写过于简单，且出现了分不清省与市，河流与山川的英语表述不准确等问题。

于是，我针对学生出现的这些问题，以问题的提出和解决为中心，设定了几个数字问题，让学生们两两合作来解决。而这些数字刚好分别是海南省、海口市、琼海市、三亚市的人口数量，是后面学生在写作文时有可能会用上的，为后面的输出扫除了部分障碍。而针对任务三出现的表述不准确的这个问题，我则通过给出句子，让学生诊断对错，并写出正确句子的方式来解决。为了让学生在介绍自己家乡时，有更好的输出，我便从我自己的家乡海口市长流镇入手，引导他们从方位、人口、大小和著名景点这四个方面着手介绍家乡。

northwest, Haikou

about 33 thousand（约3万3个）

· This is _____ hometown, _____ .
· It is _____ Haikou, China.
· It has a population of _____.
· It's a _____ village/town/city/province.
· It has many famous places, such as（例如）_____.

Holiday Beach, Wuyuanhe Stadium

small

然后，再引导学生观看视频，搜集有关英格兰的方位、人口、大小和著名景点这四个方面的信息。以问题提问的方式进行。

Where is England?	
What is the population of it?	
What is it famous for?	
What are famous rivers?	

接着再按照这样的思路去进行文本阅读，完成表格中这四个方面的内容。从而也培养了学生带着问题去搜索有用信息的能力。

	Cambridge	London	England
Location			
Population			
Famous places			
River			

最后，再以讨论的方式，深入文本并超越文本，最终达成将琼海作为自己家乡的作文输出。

Qionghai	
Location	east，Hainan
Population	521 thousand
Size	small
River	River Wanquan
Famous places	Yudai Beach（玉带滩）, the sea of flowers in Longshouyang（龙寿洋花海）, Tanmen fishing port（潭门渔港）, …
Weather	…
Food	desserts（甜品）, Wanquan Goose, …

在这节课中，我通过聚焦问题，运用问题来进行导学，完成了教学目标，提升了学生的综合能力。在我看来，问题导学的教学过程不是简单的知识传递与讲解过程，而是根据课本知识要求和学生的知识经验，把教学内容问题化，问题的提出和解决贯穿整个教学过程。把发展学生运用知识综合解决问题的能力、创新意识和学习能力作为教学重点。因此，教师是教学过程中，问题情境的创设者，解决问题过程的指导者，学生学习的鼓励者。

通过这个案例的分析，我又有了思考，或者说是下一步的行动：教师可以利用问题导入的方法，让学生对整篇文本内容进行了解。于是，贯穿整个教学过程的问题可以由学生在预习的基础上提出；也可以在课堂上经教师的启发，学生提出；也可以在英语课堂上在教师和学生的互动中产生。而我依然觉得，最好的问题是学生通过读文本和在课堂的小组活动中，自己质疑而生成的。在师生的互动过程中，在教师的引导下，学生的问题不断得到解决。学生既有自己的自主学习，又有合作交流，在互相学习中习得知识，在共同探究中完成自我能力的提升。

翻转课堂中的聚焦问题案例

海口市第九中学　吴庆博

21 世纪以来，教育信息化潮流势不可当，教育信息化的主阵地在学校，核心内容是学科教学信息化。在教学过程中充分利用信息技术，营造一种信息化教学环境，构建一种既能充分发挥教师的主导作用，又能突出体现学生主体地位的、以"自主、探究、合作"为特征的新型教与学的方式。教师在课堂上，以问题统领整个教学过程，引导学生自主学习，发现问题，提出问题，然后大家合作探究、解决问题，进而在巩固迁移、拓展延伸中再生问题，即把"问题"当作一堂课的出发点和归宿，培养学生的学习能力。

以"温度与温度计"一课为例。

【导入新课】

好的开始是成功的一半！对于一节课而言，导入环节至关重要，在该环节设置问题时，必须从学生的具体学情和教学内容的结构出发，科学地设置问题。

教师利用多媒体展示"温度与温度计"的课件，随即通过多媒体，向学生展示自然界中的现象图片。

图片"雨"：时而悄然无声，时而瓢泼倾盆。

图片"云"：形状各异，似鱼鳞、像城堡。

图片"雪"：从天而降，飘飘洒洒，使大地"银装素裹"。

提出问题：这些自然现象都是由水变成的，那我们生活中还有哪些自然现象也是由水变成的呢？

这道题的内容一目了然，最重要的是它就发生在我们每个人的身边，题目一出来同学们便跃跃欲试，调动学生学习物理的积极性。

进而提出问题：水的状态在什么情况下可以发生变化呢？

这道题抓住了学生的心理，引导学生回到课本，使理论与实际联系起来，这不仅锻炼了学生的思维能力，也激发了学生的求知欲和探索兴趣。

迷你实验室：准备加热器、水壶、钢勺、水杯及冰等。

将冰放入水壶，然后加热，观察冰的变化。待水沸腾后，拿着钢勺靠近壶嘴，观察现象。

在加热的过程中，冰变成了水，水变成了水蒸气，水蒸气又能复原成水，如果再将水放入冰箱，水还可以结成冰。水的状态可以循环变化。

教师提出问题：通过这个实验，我们发现水的变化与什么有关？

学生齐声回答：温度。

教师：由于物态变化与温度密切相关，因此接下来需要学习温度及温度计的使用等相关内容。

"冰—水—水蒸气—水—冰"的实验使学生初步认识到水有固、液、气三种状态。而且在一定的条件下可以互相转化。大部分的同学都有这样的生活经验，教师通过启发式的问题，让学生把生活经验跟水的状态变化结合起来，有效地引发他们积极思考，培养他们的思维能力。

【新课教学】

实验：准备三只烧杯，其中分别放冰水、自来水和温水，引导学生进行"冷""热"的体验。

A. 把左手放入冰水中，再放到自来水中，说出自己的感受。

B. 把右手放入足够热的水中，再放到自来水中，说出自己的感受。

教师：为什么同一杯自来水在差不多相同的时间内有两种差异很大的冷热感觉呢？

（学生思考）

教师继续提问：今天的气温大约是多少？你是根据什么知道今天的气温的？靠感觉判断物体的冷热可靠吗？有没有哪位同学有过凭感觉判断温度不准确的经历？

（学生讨论，并得出结论）

学生：看来人的感觉是不可靠的。

教师：在日常生活中，人们常常凭自身的经验和感觉去判断温度，然而这往往是不准确的。

归纳出温度的物理含义，介绍温度的单位，以及其读法、写法。

创设问题情境，提出与学生的生活、社会热点息息相关的问题，以更好地引导学生，开展有效的课堂教学。联系生活经验，让问题以直观的外在表现，引发学生的思考，进而自主探究、分析与讨论，提高学生学习物理的主动性。

此时，师生达成共识：要想测量物体的冷热程度，需要用温度计测量。

温度计的分类：实验室用温度计、体温计、寒暑表。

提出问题：温度计怎样使用？要注意哪些问题？

学生活动1：观察各种温度计以及阅读他们的使用说明。

学生活动2：利用温度计去测量物体的温度。

通过提问引导学生，培养学生观察能力和动手操作能力。

【小结】

全面回顾，总结质疑。

教师提问：通过本节课的学习，你有哪些收获？可以是知识上的，也可以是方法上的，还可以是自己的感悟和体会。同时，在获得新的知识的同时，你又产生了哪些新的疑问？

新知识点形成以后，它还可以发散、深化，使知识得以迁移、发展，从而对学生的能力提出较高的要求。教师在认真研究教材和大纲的基础上，选定一两个迁移和发展点，设计开放性练习，引导学生去发现知识深层次的方法和思路，这对学生适应较高的能力要求而言，非常有必要。

【反思】

提出问题，聚焦问题，解决问题，从而产生新的问题，这是物理课堂教学重要的环节，学生有问题提出，说明学生动脑筋了，是对教师教学内容思考的结果。本节课对从学生所经历的事物中产生的一些实际问题进行探究，这是物理教学中所要采取的主要做法，学生从被动接受知识向主动获取知识转化，通过问题的导向，引发学生产生共鸣，从而去猜想，并通过实验去验证自己的猜想，整个过程培养了学生的思维能力，以及实事求是的科学态度和敢于创新的探索精神。

生活中时时处处有问题，每个学生的经历和感受却不尽相同。教师要深入细致地分析教材和学情，确定教学的重难点，创设符合教学艺术特点的问题情境，刺激学生的探求欲望，集中学生的注意力，充分调动学生学习的积极性和主动性，使他们通过观察、体验、想象、思考，进而发现问题并解决问题，使学生把物理和生活有机、自然地联系起来，拉近了物理与生活、物理与学生的距离。

三、合作释疑

翻转课堂课中 "合作释疑" 环节的反思
——以 "二氧化碳制取的探究" 教学为例

海口市第九中学　梁莹椿

　　翻转课堂课中五环节分别为学情反馈、聚焦问题、合作释疑、展示交流、检测提升，其中"合作释疑"环节主要是基于学生在课前通过自主预习，认真自学教师针对核心知识点、疑难点录制的微课后，形成基础的知识储备，再借助北京四中网校"爱学"平台个人空间完成教师上传的检测题进行测学质疑，教师及时查阅学生的学习情况，针对学生课前自测练习反馈的结果及学生学习过程中的问题汇集分析，集中、确定课中需要内化的学习和探究任务，组织学生以小组为单位交流学习情况，提出本组自学中遇到的知识及方法上的问题和疑惑，充分发挥小组合作功能，最大限度解决问题困惑的过程。下面以人教版九年级化学上册第六单元"二氧化碳制取的探究"一课的教学案例对此环节进行分析与反思。

　　学生通过课前观看微视频《二氧化碳是如何诞生的》，对制取二氧化碳的实验原理、装置、收集及检验方法，以及对实验室制取气体的一般方法有了初步的理解，接着完成相应的自测练习检测学习成效。结合学生自学检测反馈数据进行学情分析，笔者发现存在的普遍问题有：

　　（1）学生对实验室制取气体需要考虑到的因素认识比较片面，较多学生认为反应速率快的就是最好的方法，如碳酸钠与稀盐酸反应生成二氧化碳；或是认为用到的药品最少的方法最理想，如木炭燃烧制备二氧化碳。

（2）在选取气体制备装置时，学生对发生装置和收集装置选择的依据模糊不清。

（3）对不同装置的优缺点认识不到位。

（4）分不清楚气体的收集、检验、验满的目的与方法的区别。

（5）缺乏由个别到一般、归纳演绎的分析能力与思维方法。

（一）　设计思想

侧重发展学生"证据推理与模型认知""科学探究与创新意识"的化学学科核心素养。

（二）　分组合作

全班共 55 人，6~7 人为一组，共分成 8 个小组。

（三）　合作内容与目标水平

1．学会合作

任务一：查看前测练习中的错题，小组讨论解惑。组内互助，教师辅助指导，对知识进行二次反馈和矫正，不断深化理解，巩固新知识的学习。

2．学会拓展

任务二：教师提供仪器，学生小组讨论选择并设计出实验室制取二氧化碳的最佳装置，并说明理由。此任务的目的是发展学生根据实验目的设计、优化并评价实验方案的"科学探究与创新意识"的核心素养，这也是化学实验重要的化学学科思维方法。

3．学会建构

任务三：以小组为单位完成二氧化碳制取实验，教师巡查指导，选取 4 个小组进行投屏展示，组间相互评价实验装置的组装是否正确、实验操作是否规范，以此提高学生的基本实验操作技能水平。

任务四：结合实验室制取氧气和二氧化碳的反应原理分析、实验装置选择、实验操作等过程自我建构实验室制取气体的一般思路与方法，培养"模型认知"的核心素养。教师将各小组的建构结果拍照上传至作品区，学生讨论、分析、比较、评价，并进行投票。由该小组代表说明建构思路，其他小组指出优点，寻找不足，综合其余作品较好的思路方法，整合优化，教师有效引导学生与课本思路方法联结，逐步打实认知进阶，完成知识获取的过程建构。

（四） 教学效果与反思

学生通过组内合作、组间互助的方式，对课前检测的错题进行分析讨论、共释疑难，聚焦实验室制备二氧化碳的装置设计，建构实验室制备气体的一般思路与方法，学习同伴之间的智慧共享切实发生，进一步拓宽了学生对新知理解的深度与广度，发散出多边思维，有效发挥了学生作为学习行为中心的主观能动性，从传统学习中的"被动接受者"翻转为"主动探究者"，契合化学学科核心素养的育人理念。实际上，在翻转教学过程中，"合作释疑"环节还呈现出了与"展示与交流"环节相辅相成、交叉互联的特点。

基于发展"证据推理与模型认知""科学探究与创新意识"的核心素养，初中化学翻转课堂教学中"合作释疑"环节还需要处理好以下几点：

（1）科学引导学生迁移应用所学的科学探究知识。在第二单元中学生已经学习了实验室制备氧气的思路与方法，可以先让学生初步归纳出气体制取的一般思路，再应用于分析、解决二氧化碳制取的新问题，比如选择发生装置的依据是药品的状态和反应条件，选择收集装置的依据是气体的性质。再引导学生进一步思考产物分离、除杂的问题，形成一套完整的、环环相扣的化学实验思维程序，相关的实验问题自然迎刃而解。

（2）重视培养学生的实验操作能力及实验现象观察能力，培养实事求是的科学态度。有个别小组的学生在利用澄清石灰水检验二氧化碳的时候，由于通入气体的时间较长，学生观察到了石灰水先变浑浊又变澄清的现象，对此提出了质疑。笔者及时对学生敢于质疑、实事求是的探究精神给予表扬，简单解析其变化原理，课后向学生提供了相关反应的详细资料，帮助学生解决困惑，拓展知识面。

（3）在合作探究过程中，要鼓励学生充分发挥组内、组间互帮互助、互评互疑的作用，如在任务二中要求选取仪器组装实验装置，第三小组学生代表在汇报本组实验装置组装和制备步骤时，其他组有学生提出了质疑，长颈漏斗下端管口未伸入液面进行液封，怎么收集得到气体呢？对于可以控制反应的发生和停止的隔板装置（类似启普发生器），涉及气压和液体压强的问题，学生普遍感觉抽象难懂，对此笔者采取了学生互助、教师现场演示的教学方式，突破了本实验的难点。

（4）注重引导学生不断反思、深度学习，善于发现有研究价值的实验探究问题。如在讨论隔板装置内通过压强的变化使固液发生分离或接触进而控制反应的发生和停止时，学生共同回忆起笔者在第二单元教学中利用过氧化氢溶液和二氧化锰制备氧气时，展示的二氧化锰是粉末状的，主动界定了该装置对固体药品颗粒直径大小的要求，彰显出翻转课堂"合作释疑"环节所带来的知识联结、智慧共享之优越性。

翻转课堂中的合作释疑解读
——以 "微观探析复分解反应的实质" 一课为例

海口市第九中学　陈翠

翻转课堂教学倡导的是学生课前围绕着教师发布的前置任务，开展积极主动的探索式课前学习，教师在二次备课时就收集到的学生课前自学时暴露出的思维障碍，将其创设成新的富有挑战性的问题情境，在课中引领学生合作释疑，达成学生对所学内容本质的认识，使学生学会学习。这样的教育理念符合新课改的教师观和学生观，即教师的教育理念是以立德树人为根本目标，以发展学生的核心素养为落脚点，教师的学生观是教师是学生学习的引路人、促进者，学生是学习的主体，是学习的发现者、探索者。下面笔者就以"微观探析复分解反应的实质"一课为例，解读翻转课堂中的合作释疑的环节。

（一） 化学知识生活化调动学生主动学习

打通化学知识与学生生活的世界，使化学知识生活化、情境化，让学生感受到化学就在我们身边，学习化学是那么有用，可以解决生活中的实际问题。

在上"微观探析复分解反应的实质"一课时，笔者在导入环节将所要探寻的新知识生活化、情境化，调动学生主动学习。导入环节的具体内容如下：

小明到药店帮妈妈购买胃药，店员了解到小明妈妈的症状是胃部反酸、有烧灼感等，判断是胃酸过多导致的，建议小明购买复方抑酸剂（有效成分是氢氧化镁）或碳酸氢钠片。为什么这两种不同的物质都能够治疗胃酸过多？

分别写出这两种物质与胃酸（即盐酸）反应的化学方程式，并注明反应的类型。

×××牌复方抑酸剂

有效成分：氢氧化镁
作用用途：用于治疗胃酸过量
用法用量：口服，每次2片，每天3次
药物含量：每片含0.145 g氢氧化镁

说明书

主要成分：碳酸氢钠（NaHCO₃）
适 应 证：用于缓解胃酸（含有盐酸）
　　　　　过多引起的胃痛
用　　法：嚼碎后服用
规　　格：2.5 g/片
注意事项：胃溃疡患者慎服

挖掘复分解反应在生活中的应用实例，引发学生从宏观、符号、微观三重表征进行思考，课上学生们纷纷提笔写出这两种物质与胃酸反应的化学方程式。课中展示了三位学生的书写。这个环节的观课数据如下：

导入环节学生学习参与度观察			
观察维度	两个化学方程式都写对，并注明反应类型	两个化学方程式都写对，没注明反应类型	化学方程式未配平	备注
数据	41 人	13 人	0 人	全班 54 人
分析		下课后约谈这部分学生，得知其中 5 名学生是没有看到题目要求；8 名学生是时间不够，来不及写		

学生们在这样贴近生活的、富有挑战性的真实情境中积极思考，从观课数据中可知学生学习的参与度高，书写的化学方程式准确率也高，为破解本课的重难点开了个好头。

（二） 小组合作突破难点

小组合作教学片段如下。

教师：氢氧化镁和碳酸氢钠都可以用于治疗胃酸过多，从微观上分析实际上是胃液中什么微粒参与反应而减少？

学生：胃液中氢离子参与反应而减少。

教师：氢离子减少，微观粒子参与反应，肉眼看不到，请利用老师提供的药品小组合作，设计现象明显的实验，证实物质在溶液中发生复分解反应是某些微粒从溶液中减少了。

活动：小组合作利用教师提供的药品设计实验证明化合物在溶液中发生复分解反应时会导致溶液中某些离子减少或消失。

供选择的药品：氢氧化钠溶液、氢氧化钡溶液、稀盐酸、稀硫酸、酚酞试剂、紫色石蕊试剂、碳酸钙固体。

用图示、文字或表格的方式呈现小组设计的方案，并指派一名同学解读方案。

实验步骤	预测实验现象	结论

各个小组的学生在任务的驱动下积极开展合作，10分钟后各小组合作的成果如下。

（1）第一小组设计的方案。

实验步骤：向两支洁净的A、B试管中加入等体积、等浓度的稀盐酸，向B试管中加入过量的氢氧化钠溶液，最后把相同质量的铁片放入A、B试管中，观察现象。

预测现象：A试管中铁片表面冒气泡，B试管中的铁片没有变化。

分析与结论：B试管中的稀盐酸和过量的氢氧化钠溶液发生复分解反应导致溶液中的氢离子消失，所以加入铁片后没有变化。

（2）第二小组设计的方案。

实验步骤：向滴有酚酞试剂的氢氧化钠溶液中滴加稀盐酸。

预测现象：溶液由红色变为无色。

分析与结论：氢离子和氢氧根离子发生反应。

（3）第三小组设计的方案。

实验步骤：向试管中加入氢氧化钡溶液，然后滴入酚酞试剂，再滴加稀硫酸。

预测现象：溶液先变红，随后红色消失并产生白色沉淀。

分析与结论：红色消失是氢氧根离子消失了。

（4）第四小组设计的方案。

实验步骤：将稀硫酸加入氢氧化钡溶液中。

预测现象：出现白色沉淀。

分析与结论：白色沉淀是硫酸钡，稀硫酸和氢氧化钡溶液反应，钡离子和硫酸根离子减少。

（5）第五小组设计的方案。

实验步骤：第一步，把酚酞试剂加入稀硫酸中；第二步，向该混合溶液中加氢氧化钡溶液。

现象：向稀硫酸中加入酚酞试剂后溶液变成红色，加入氢氧化钡溶液后产生白色沉淀，而且溶液的红色消失。

（6）第六小组设计的方案。

实验步骤：把碳酸钙放入稀盐酸中，直到不再有气泡产生后，向溶液中放入铁片。

预测现象：铁片表面没有变化。

分析与结论：因为碳酸钙把稀盐酸中的氢离子消耗完了。

（7）第七小组设计的方案。

实验步骤：向氢氧化钠溶液中加入紫色石蕊试剂，再向混合溶液中加入稀盐酸。

预测现象：溶液先变成蓝色，然后变成紫色，最后变成红色。

分析与结论：溶液变成蓝色是因为溶液中有氢氧根离子，变成紫色是氢氧根离子被消耗掉了。

（8）第八小组设计的方案。

实验步骤：把混有紫色石蕊试剂的氢氧化钡溶液和稀硫酸混合。

预测现象：溶液由蓝色变成紫色，产生白色沉淀。

分析与结论：溶液中的氢氧根离子消失殆尽了。

每个小组的学生都设计出了不同于其他小组的实验方案，可以看出学生们在真实的问题情境中合作学习时其思维多么活跃。而且在所设计的实验方案中，学生们都能灵活地调用有关酸和碱的化学性质来解决新问题，设计的方案不仅可行而且现象明显，真的是难能可贵。小组合作后是交流展示，各小组派代表解读本组方案，方案与方案的碰撞实际上是思维的碰撞，互助质疑，教师适时点播，升华了学生的认知。展示交流后的小结更是能促进能力的提升，必不可少。在小结中学生认识到：对于不可视的微粒间的反应，可以通过宏观现象来体现；八种方案做法不同，实际上都是运用酸或碱的化学性质设计出现象明显的实验，证明复分解反应的实质就是溶液中某些离子的减少或消失；设计的实验方案要遵循简单、易于操作、现象明显、安全环保等。

交流展示小结后就是实验验证环节，这又是学习中一个亮点。教师选择了六种方案中的一种并补充新技术，进行现场实验。当学生们观察到实验中出现了自己预设到的现象，思维再次被点燃。透过实验现象，学生们实现了对本课核心知识的认知。

（三） 数字化实验拓宽思维

各小组派代表解读自己小组的实验方案，其他小组的同学倾听，提出质疑。同学们在充分地交流中，达成了对物质在溶液中发生复分解反应实质的深度认知。

紧接着教师拓宽思路，介绍探究发生复分解反应时溶液中某些离子会减少或消失，还可以借助新的实验技术——电导率传感器，它可以帮助我们追踪反应中离子的变化。教师展示电导率的工作原理及运用电导率探究复分解反应的实验方法。

【实验探究】

实验目的：探究化合物在溶液中发生复分解反应时是否会导致溶液中的某些离子减少或消失。

资料：电导率是以数字表示的溶液传导电流的能力。电导率越大则液导电性越强，溶液中自由移动的离子浓度越大。

以氢氧化钡溶液和稀硫酸反应为例,记录向氢氧化钡溶液中滴加稀硫酸时溶液电导率的数值,破解复分解反应发生的微观实质。

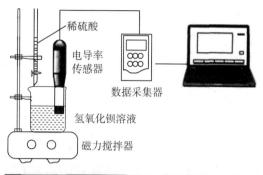

教师演示运用数字化实验测氢氧化钡溶液和稀硫酸反应时溶液的电导率,学生观察实验现象,记录实验数据。

这个环节的教学片段如下。

教师:在这个实验中同学们观察到哪些现象,这些现象说明了什么问题?

学生1:我看到实验前测氢氧化钡溶液的电导率数据是2389,说明氢氧化钡溶液中有自由移动的离子。

学生2:测完氢氧化钡溶液的电导率后,向其中加入酚酞溶液变红了,进一步说明氢氧化钡溶液中存在的离子是氢氧根离子。

教师:这两位同学观察得非常细致而且分析有理。那么,在实验过程中同学们又看到了什么?为什么会出现这些变化?

学生3:往氢氧化钡溶液中滴加稀硫酸时溶液中的红色慢慢消失,是因为溶液中氢氧根离子参与反应没有了；溶液中还出现了白色沉淀是因为产生了硫酸钡沉淀。

教师：宏观现象描述得很具体，微观解释得科学、到位，很好。其他同学有补充的吗？

学生4：向氢氧化钡溶液中滴加稀硫酸时，溶液的电导性是在减小的，说明溶液中的某些离子参与反应而减少了。

学生5：我还看到溶液中电导率减小到零之后，又逐渐升高。

教师：两位同学结合数据分析背后的原因非常准确，很棒。

分析实验中溶液电导率曲线的变化，破解复分解反应发生时溶液中那些减少的微粒去了哪里，使学生达成对复分解反应微观实质的认知。

总结：在翻转课堂教学中教师进行两次备课，第一次备课时，教师会围绕着教学内容创设出能调动学生积极主动参与式学习的前置任务；第二次备课时，教师聚焦收集的学生提交的前置学习的成果，找准学生认识的障碍点、学生思维的不科学处进行深度备课，创设出课中小组合作的、真实的新情境问题，引领学生富有创造性地学习。

四、　展示交流

"335"翻转课堂教学模式展示交流环节之案例与反思

海口市第九中学　高元青

摘要： 当前，在大数据信息技术的背景下，借助北京四中网校平台，海口九中践行建构主义、掌握学习理论和行为主义理论，研究开发出有本校特色的"翻转课堂教学模式"——"三翻三步五环节"，辅以学科小先生"一拖N"合作学习的方式，进行精准教学，让学生成为课堂的主人，自主探究合作学习。本文浅谈本校翻转课堂教学模式五环节中的展示交流环节在地理课堂中的应用，多样化呈现，活动展示，评议交流，营造既竞争又合作、既自主又共享的学习环境，有效地提升学生的表达能力、批判性思维能力、地理学科素养和地理学习能力。

关键词： 翻转课堂；学科小先生"一拖N"；合作；探究

建构主义理论认为："学生的知识不是通过教师传授得到的，而是在特定的情境下借助教师和同伴的帮助，利用必要的学习资源，通过意义建构的方式获得的。"借助北京四中网校信息技术平台，海口九中依据掌握学习理论和行为主义理论，研究开发出有本校特色的"翻转课堂教学模式"——"三翻三步五环节"，辅以学科小先生"一拖N"合作学习的方式，学案导学，精准二次备课；自主和原创的学习富媒体资源，进行精准教学，"使学情数据化、思维可视化、学习个性化"；让学生成为课堂的主人，自主探究合作学习。

翻转课堂教学模式中的五环节分别是：学情分析、聚焦问题、合作释疑、展示交流和检测提升。以我在地理翻转课堂教学实践中的基础，本文将浅谈翻转课堂教学模式五环节中的展示交流环节在地理课堂中的应用。依托地理学科的人文社会和自然科学的交互性，展示交流环节的教学策略是多样化呈现、活动展示、评议交流、顺应同化。

经过先学后教、问题导学和合作学习，地理课堂教学进入呈现探究合作学习成果、生成高阶内化的展示交流环节。目前，国内翻转课堂的展示交流环节主要以学生在课堂上说答问题为主，而不是以活动展示的方式呈现。我在设计地理课堂的展示交流环节时以活动展示答题、呈现思维过程、人人皆为小先生为主，多样化呈现，评议结合，顺应同化生成知识。

（一） 整合知识， 自评互议

"整合知识，自评互议"是展示交流活动的视听盛宴。活动展示分为小先生之声、美篇和视频。小先生的展示和自评小组合作学习的成果，呈现探究生成流程，呈现课本知识与富媒体资源信息的整合过程，其他小组成员讨论评议生成意义，人人皆为小先生。善于演讲的学生可以选择小先生之声，内敛的学生可以凭自己的信息技术能力通过制作美篇和视频来呈现。

1. 小先生之声， 先声夺人

小先生之声是通过学生说答在课堂展示交流的舞台上呈现合作学习的成果。例如，在"中国的地形"一课中，中国的地势西高东低对气候产生了什么影响？小先生把讨论结果展述：中国西高东低的地势，向海洋倾斜，有利于海洋上湿润气候深入内陆，形成降水。听了小先生的自展自评，大家互议，达成意义建构。小先生式的自我展示，声情并茂，既展示了自我的个性和魅力，又获得了自信，提升了表达演讲能力。同时，由于合作成果得到肯定，组员因此信心满满，感受到了团结合作的力量。

2. 美篇， 图文相合

美篇的制作要求图文并茂。通过大小屏信息技术平台展示呈现合作学习效果，辅以简洁、个性地讲说，讨论探究，完成知识同化。

例如，在"中国的气候"一课中，讨论我国年降水量在空间分布上有什么规律？小先生通过图文结合回答问题。

小先生回答：通过观察中国年降水量分布图可知，中国降水的空间分布规律是，自东南沿海向西北内陆逐渐递减。

美篇的图文优美，直观形象，使学生兴趣盎然，积极参与，讨论探究。这样的美篇既能提高学生运用信息技术的能力，又可以让学生在学习中不断保持兴趣并享受探究发现的乐趣，体会群策群力的重要。

3. 视频，静动相融

有些地理问题非常抽象，无法用讲说和图文进行说明，需要动态视频化抽象为直观动态剖解。遇到这类问题时，必须让学生借助动态视频探究合作学习，一起探究发现并完成合作。学生通过北京四中网校平台自主生成学习动态视频展示呈现，生动讲解，回答问题，直观有效地呈现合作学习成果，和其他组员共享切磋发现探究果实。

例如，在学习"海陆变迁"一课时，由于学生受活动范围、思维能力和知识力量的限制，很难理解"地球表面海洋和陆地处在不断地运动和变化之中"。对于"地表形态的变化"的问题，小先生通过大小屏展示"地表形态变化"的动态视频，完美呈现地表形态的形成过程。小先生一边观察、一边讲解，发现：喜马拉雅山上考古发现海洋生物化石，形成喀斯特地貌的石灰岩是在海洋环境下形成的。说明地球表面海洋与陆地是不断变化的。

通过富媒体平台，学生主动寻找发现学习资源，解决合作学习问题，高效地分享发现，既学会观察发现，又学会整合资源学习。

自展自评互议展示交流，分小先生之声、美篇和视频三种方式呈现，整合课本知识，利用富媒体资源，共享合作探究学习成果，有利于提高学生整合知识的能力，提升学生的表达能力和信息技术能力，满足个性化学习，提升自信，培养合作团队精神。

（二）优化操作，互评互疑

基于地理学科的自然科学特点，如果说整合知识自评互议学习是一场丰盛的声色视听盛宴，那么精细科学的实验互评互疑学习将是精彩纷呈、刀光剑影的擂台。

根据探究的问题，设计最优实验方案，全组成员分工合作展示操作实验，小先生详解实验过程和结果，解决学习问题，其他小组成员针对实验进行讨论和发现疑问。同时教师在现场观察并及时地介入，对出现的问题进行及时有效的指导和帮助，使展示交流学习顺利开展。

例如，在"影响气候的主要因素"一课中，探究太阳直射与斜射下的温度差异。

实验：一个组员，在学校操场把两个装有沙子的小盒 A 和 B 放在阳光下照射，使 A 直射，B 斜射。20 分钟后，另一个组员用温度计测量沙子的温度并记录。

小先生报告实验结果：沙子在阳光直射下的温度高于斜射的温度。

通过小组合作展示实验，讲述分析实验数据和论证的过程，其他小组成员讨论并提出实验中存在的问题，最后在竞争与合作中完成知识建构。既培养了科学严谨的精神，又学会科学的学习方法。

（三） 生活情境， 点评内化

学以致用，在生活中活学活用地理。在地理翻转课堂展示交流活动中，让学生通过角色扮演，体验生活中的地理，多角色展示。小组内互评交流，小先生小结，教师点评，拓展提升，内化生成意义。

例如，在"巴西"一课中，面对乱砍滥伐热带雨林的现象，人们发表不同的观点，假如你是一位地理学家，说一说你的观点。

角色扮演：

（1）世界环保组织官员：亚马孙热带雨林能够提供大量氧气，大规模砍伐会破坏环境。

（2）政府官员：不砍树，当地居民的收入难以提高，就业问题也不好解决；砍树多了又会造成严重的生态破坏。

（3）开发商：这里的木材质量很好，有不少还是珍贵的热带硬木，多砍树就可以多赚钱。反正这里有的是树，我们多砍一些也没什么关系。

（4）当地居民：砍树可以增加经济收入，但把树砍光了，我们的子孙后代该怎么办？

小先生小结：假如我是一位地理学家，会呼吁大家保护好这片全球最大的热带雨林的生态环境。

在课堂展示交流中，结合生活学用地理，不但培养了学生的表达能力和批判思维能力，又培养了学生的世界观和价值观，使学生意识到地球同是一个村，树立保护生态的意识。

陶西平教授说："和谐的课堂文化需要有三声、三话、三交。'三声'指掌声、笑声、辩论声；'三话'指自己的话、真实的话、有创建的话；'三交'指交流、交锋、交融。"在海口九中地理翻转课堂展示交流活动中，我通过多样呈现、活动展示、评议交流的学习策略，践行陶教授的和谐课堂文化，师生互动和生生互动，建立共享关系，依托网校平台，整合富媒体资源，自主合作探究学习，精准教学，完成知识意义建构。使学生学会学习，学会发展，提升了地理学科素养，同时培养了团队合作精神。

参考文献

［1］巨瑛梅，刘旭东. 当代国外教学理论［M］. 北京：教育科学出版社，2004.

［2］陈杰. 翻转课堂与微课［M］. 初中卷. 北京：中国轻工业出版社，2016.

［3］高铁刚，陈莹，臧晶晶. 信息技术环境下课堂教学模式的理论与方法［M］. 北京：清华大学出版社，2011.

［4］黄京鸿. 新课程地理教学论［M］. 重庆：西南师范大学出版社，2011.

［5］乔伊斯. 教学模式［M］. 荆建华，宋富钢，花清亮，译. 北京：中国轻工业出版社，2002.

［6］高钧. 数据驱动下的智慧课堂精准教学［M］. 北京：中国人民大学出版社，2020.

海口九中智慧班生物学科翻转课堂的展示与交流

海口市第九中学　蔡素桃

摘要：　课堂既是师生之间最直接的交流方式，也是学生学习最重要的平台。当前初中生物课堂还未真正实现高效，笔者根据自己的教学经验与反思，针对如何在生物学科翻转课堂中进行展示与交流提出一些措施和建议，希望能与广大初中生物教师同行共同探讨。

关键词：　初中生物；翻转课堂；展示交流

（一）引言

学生课堂上的交流与展示，往往是其个体思维结果的呈现。学生在掌握基础、领悟要点的同时，能够通过不同的方式进行展示与交流，更有利于内化所学知识，并得以更好地拓展和延伸。

（二）具体措施

1. 思维导图的运用

【教学案例1】

生物圈是最大的生态系统

思维导图有助于学生厘清学习思路，归纳重难点。在课堂小结的过程中，教师可将学生所展示的思维导图修改完善，引导学生将信息整合，而不是简单的堆砌。展示学生的思维导图时，既可以以小组为单位展示，也可以是个人的展示；既可以是章节展示，也可以是单元展示。笔者认为，不论是新授课还是复习课，都可以鼓励学生用不同类型的思维导图进行归纳小结。在进行"生物圈是最大的生态系统"一课的翻转学习中，每位学生都可以根据自己的理解和想象勾画出生物圈的结构思维导图，教师通过展示，让学生们对自己创作的作品进行互相评价和改进。

2．课堂笔记的展示

【教学案例2】

动物的运动系统

生物学科的课堂笔记展示也是一个重要的学习环节，因时间和空间有限，学生在课本上做的随堂笔记要言简意赅，要学会筛选和提炼重要的、有价值的信息，授课教师可以安排学生通过拍照上传的方式来展示个人的学习笔记，在互相的对比借鉴中提高整体的学习效果。以"动物的运动系统"一课为例，课堂上的展示可以由学生分组进行，一边展示弯曲肘部和伸展肘部的动作，一边让小组成员对相关现象进行分析。

3．学生个人的口头表达与展示

【教学案例3】

先天性行为和学习行为

课堂中的展示除了书面表达之外，口头表达也是不可忽略的，试想一下，如果整堂课大部分时间都是教师一个人的独角戏，那么久而久之，学生就会失去表达的欲望和兴趣。相比于书面展示，学生在口头表达时需要教师给予更多的关注和引导，教师可以根据学生的实际情况选择不同程度的展示任务，在锻炼学生口头表达能力的同时，要避免思路混乱的、烦冗的信息，减轻学生的学习负担。以"先天性行为和学习行为"一课为例，学生可以将日常生活中观察到的动物的取食行为、繁殖行为、攻击行为、防御行为等不同的例子进行综合展示，教师可以在展示的过程中发现问题并鼓励不同层次的学生，通过有针对性的提问引发学生更深层次的思考。

4．植物标本制作与课堂展示

【教学案例4】

绿色植物标本的制作与观察

生物学科的学习宗旨是面向全体学生，学以致用，让不同程度的学生都有机会展示自己不同方面的学习成果。课堂上的展示主要是为了帮助学生巩固学习内容，加深对重要概念的理解，引导学生的纵深思考。而课堂外的展示则更有助于学生树立学习信心，培养学科兴趣。来自课堂之外的展示可以和课堂内的学习有机结合，展示形式也可以丰富多样。

笔者认为，借助多媒体设备，可以多方面、多维度地收集信息并进行展示，以现阶段初中生物教材学习内容安排为例，在七年级上册的课外展示中，可以侧重绿色植物的形态结构与生态意义的展示。授课教师可以将绿色植物叶脉标本的制作方法，显微镜下观察到的叶脉切片图像与所学章节知识点结合，通过在课堂上的图片、视频展示增强学习效果，提高学生观察和了解植物的兴趣。

5. 课外阅读与课堂展示

【教学案例5】

生命的起源与进化

当今的学科教学和命题考试都愈发重视学生的阅读水平和理解能力。生物学科不乏优秀的科普读物，如果授课教师能组织一部分阅读能力强的孩子将所阅读的科普书籍进行展示，或者定期举办读书沙龙分享会，都是将课本知识拓展延伸的有效途径。例如讲到"生命的起源和进化"一课时，可以让学生们分享读书的心得体会，更加客观、理性地认识神学与科学在对待生命起源这个话题时的分歧。

6. 生活实践与课堂展示

【教学案例6】

鱼的结构

在增强动手能力、学以致用方面，将可以展示交流侧重在生活案例中，例如讲到鱼类的身体结构特征时，可以安排学生在课后完成一项作业——用鱼给父母做一道菜。买鱼，杀鱼，烹饪，全程都亲自动手实践。在整个动手实践过程中，家长协助拍照和录制视频，学生完成剪辑后再回到课堂进行展示交流。

7. 实地调查与课堂展示

【教学案例7】

细菌和真菌的菌落

在学习到细菌和真菌的结构及其对人类的影响时，笔者任教班级中刚好有家长从事相关的科研工作，借此机会带领孩子们参观了解了其实验室培养制作菌落的过程，并近距离和专家交流探讨学习中遇到的疑惑。只要科任老师乐于与学生交流，许多家长也会十分热心地将行业资源分享到学校的教学中，这也是家校联系的新趋势。

（三） 结语

综上所述，笔者认为要想在初中生物课堂中提高学生的学习兴趣，就必须把学生的好奇心、求知欲与成就感充分地融合到教与学的过程中，教师既要深度发掘教材，也要站在学生的角度去体会学习的感受，同时也要善于利用智慧课堂多媒体带来的新技术，以此实现真正意义上的翻转教学。正所谓"教无定法，因材施教"，笔者相信，教师只要对生物教学保持着孜孜不倦的思考和热情，细心发掘教材，保持师生之间融洽平等的沟通交流，就会不断有更多更好的点子出现在课堂上。

参考文献

[1] 龚灵. 如何打造高效初中生物课堂 [C]. 全国教育科学学术科研，2017 (10)：221.

[2] 滕修海. 浅析"赏识教育"在教学中的作用和影响 [J]. 池州师专学报，2006 (06)：146 – 147.

五、 检测提升

"三翻三步五环节" 教学模式下
课堂检测提升环节的反思

海口市第九中学　唐彩华

　　回顾这几年的教学，我对课堂反馈与检测方式的设计极其关注，下面以我多年教学中的课堂检测为例，谈一点我的体会和做法。

　　课堂检测不同于学生的单元检测，不是做卷子，而是教师针对当堂课的授课内容设计的一些基础习题，在下课前 5 分钟对学生进行检测，以对学生的学习效果进行考察和反馈。有些题目是不变的，以检验学生是否认真学习；有些题目适当变化，以检验学生运用知识是否灵活。常用随口问、导学案展示、各环节小测等形式实施，使学生不断提高获取、组织和评价信息的能力，从而提高学习的有效性。根据反馈信息调整教学，从而使课堂教学效率得到一定的提高。

　　课堂检测，是实施课堂优化教学的重要手段，是长期以来被许多师生认为行之有效的方法。课堂检测可以检测学生的学习情况。课堂教学是教师引导学生掌握知识、提高能力的一个环节，在实施的过程中，教师并不能全面地了解学生的学习情况。而课堂检测之后，教师可发现学生对知识掌握的情况，能力提高到何种程度，哪些同学已达到了目标，哪些同学还有待于进一步提高，之后教师可制定出相应的措施予以帮助。课堂检测可以检查教师教的情况。教师的备课，往往是将精力主要放在研究教材、教法上，对学生的接受能力往往估计不足。有时认为学生学起来很容易的知识，而课堂上却进行不下去；有时觉得在学习中运用起来应该很好的方法，学生却不予采纳。所以，只有在进行了课堂检测之后，教师才能发现备课中的不足，才能及时地调整方法，改变策略，从而达到理想的目标。高效课堂的实现更离不开及时的检测。当堂测试是促进学生高效学习的法宝，更是保证教学质量的根本。

课堂检测是教师了解学习目标落实情况的重要手段，所以在形式上要多样，在设计上要结合学生的实际情况，做到精练、有趣、实用。固定练习和随机练习结合，个人和小组参与结合，精心设计，以达到检测目的。具体表现为以下两方面。

（一）以导学案为载体，与作业练习有机结合的检测

1. 预习性检测

导学案可以包括精品案例与启示、知识链接、预习自测等内容。例如"勾股定理"一课的导学案安排学生利用网络搜集勾股定理的多种证明方法，感叹先人们的聪明才智；"数据的收集"一课让学生利用平台收集整理数据，真正体会并学以致用。

2. 练习性检测

出示检测要求，如独立完成答题、不得看书和资料、仔细审题、认真答题、时间限制等，利用平台题库设置检测题，平台可以自动批改，同时还可以统计全班的完成情况。数学课的随堂测试应用较广，几乎每节课都会有"出门测"，让教师及时了解每节课的效果及存在的问题，以便在下节课进行必要的补充教学或提高教学。

3. 复习性检测

复习性检测在大部分导学案中均有体现，主要方法有以下几种。

（1）自测法。

测验是学校教育中使用最多、最经常、最便利的方式，也是学生学习测评理论研究中最早和最成熟的部分。测验就是通过让学生回答一系列与教育目标有关的、有代表性的问题，从学生对问题的回答中提取信息，并根据一定的标准进行判断的过程。

自测就是让学生在有效时间内，就学习效果进行自己检测的环节。自测是就定向的内容在一节课中进行检验或者在预习后进行检测，提炼出存在的问题，以便进一步学习。自测的效果就是让学生能明确得失，及时查漏补缺，巩

固和完善已学知识。自测为学生的再学习创造了动力。

（2）小组检测法。

分小组的时候，可采用取长补短的方法，每一组要有成绩好的，也有差的，合理搭配，优化组合。有小组长检查，最后把信息反馈到一张表上。此方法能有效地调动学生的积极性，培养学生的自学能力。对于有的检测题，比如让学生完成表格情况的检测，可以使用此方法，学生在小组中进行检测，互帮互查，这样更能发现问题，使学生学习更加主动，有时比教师讲很多遍的效果还好。特别是有关计算能力方面的教学，让学生带学生，事半功倍。

（3）同桌互测法。

同桌之间互相检测，互相帮助，共同提高。这个方法可以用在基础概念、性质、定理记忆等方面的检测，且随时可用。

（4）提问检测法。

这种方式是最常用、最便捷的检测方式，在平时的课堂教学中也用得最广泛，能很快得到检测结果。

4. 综合性检测

综合性检测一般表现为课堂观察、问卷调查等检测形式。课堂观察是教师用以收集学生学习活动的相关资料，分析学生的学习结果，从而达到教学目标，是实施课堂学习测评的重要方法。当教师进行课堂教学时，最简单的观察测评可通过学生的外部表现（如表情、动作等）来进行，从而大体判断学生对学习内容的理解程度。这种观察评价的信息反馈非常及时，不需要繁杂的步骤，就可对学生的学习情况有一个大体的了解和掌握，便于教师及小组组长或成员对理解程度较低的学生进行课后辅导。

（二）以活动为载体的检测

1. 展示性检测

例如数学教学中，经常会有学习成果的展示，可以以小组为单位，也可以个人展示，通过展示，上台讲解，学生的思维、语言组织等各方面能力都能得到很好的训练。

2. 辩论性检测

例如在数学教学中，最常见的是一题多解或者变式训练，能让学生在台上激烈地辩论、推理、演算，然后发现问题，一起解决问题，从而更高效地完成教学任务。

如果说要真正实现高效课堂，那么课堂检测这一环节应该是重中之重。因为，只有教师在 40 分钟内为学生留出一少部分时间，通过有效的方式让学生在检测中巩固练习，课堂才能真正地实现高效！

总之，课堂检测的层次要由单一形式转化到多种形式并用上来，提高学生学习的积极性和参与度，这就要求我们要深入理解课程。检测设计的形式和内容要有针对性，检测内容的难度不要过低或过高，同时也不应该只是追求外表形式活泼多样等外在的东西，而是应该从内涵上多下功夫，提高其实效性，以达到检测、激励和发展的目的。

巩固知识　深入理解

——语文翻转课堂 "检测提升" 环节的运用与反思

海口市第九中学　黄芝彤

随着互联网时代的不断发展，各种现代信息技术不断融入课堂教学之中，许多创新型教学模式应运而生。其中，翻转课堂模式深受广大师生的青睐与信任。2016 年以来，我校师生积极参与到翻转课堂的试验改革中，并逐渐摸索出属于自己的"三翻三步五环节"模式。对于初中语文教学而言，翻转课堂模式的展开，不仅有利于培养学生的自主学习能力和交流表达能力，对学生核心素养的提升更是大有帮助。作为一名语文老师，初涉翻转课堂试验两年多，感悟颇深。下面将对九中翻转教学模式"课中五环节"中，"检测提升"这一环节，浅谈自己的实践经验与反思。

"检测提升"作为一节翻转课中最后的环节，看似压轴，实则由于时间安排和侧重点不同的关系，最容易被轻视，甚至有时为了不耽误下课，教师会直接省略掉这一环节。但实际上，"课中五环节"缺一不可。"检测提升"不仅是对学生掌握知识与否的验收，在一定程度上，也能深化学生对知识的理解与创造性运用。总的来说，它既保证了翻转后能大幅提高学生的综合素养和创新能力，又能使学生的考试成绩保持稳定增长。

语文学科特殊的人文性和思想性，决定了它在"检测提升"这一环节，与其他理科学科有着不同的实施形式。对于一般的理科课堂，教师可以在课堂最后 5 ~ 10 分钟，通过在线平台向学生推送检测题目，多是选择题或判断题等形式，待学生提交后系统会自动根据标准答案进行批改并统计相关数据，快速、高效，便于教师了解学生的掌握情况。但语文学科不同，采用怎样的题目形式，如何在理解课文的基础上实现深化，都是教师需要思考的问题。

就语文学科而言，不同体裁的课型应采用不同的"检测提升"形式，力求避免因形式单一而造成的效果不佳。例如古代诗歌教学，一首古诗，字里行间蕴含着大量的信息、情感，教师应结合学生的具体情况和教材特点，合理地规划好课堂的 45 分钟，实现文学性与趣味性的双赢。尤其最后的"检测提升"环节，在这短短的 5 ～ 10 分钟内，要设计适宜、特别的形式，加深学生对诗歌意境的理解，深化情感认同，达成对"美"的感受。以八年级下册《茅屋为秋风所破歌》诗歌教学为例，课堂前 35 分钟学生展示自学内容，即诗歌基础内容，多形式反复朗读以及分析体察诗人忧国忧民的博大胸怀。剩下 10 分钟，首先展示课前讨论平台任务——"你认为杜甫是一个怎样的人"的成果，挑选几个比较具有代表性的学生观点，引导学生们思考：学习完这首诗歌后，你对杜甫是否有更深刻的认识。随后，要求学生拿起笔，以第一人称的形式，用白话文根据诗歌的最后一段完成写作，可发挥想象，增加一些细节，体现诗人广济苍生、忧国忧民的高大形象，50 字左右。这一活动形式不仅考察了学生对诗歌内容的掌握情况，更能在写作过程中，进一步深化学生对诗人的情感认同。另外，想象是形象思维的特征之一，倘若能在写作中用想象去填补诗歌中的空白，字里行间换位体察诗人情感，就再好不过了。

再如八年级上册《春望》《雁门太守行》两首诗歌的类比教学。杜甫的《春望》抒发了诗人感时伤乱、忧国思家的痛苦心情，李贺的《雁门太守行》则是歌颂了守边将士浴血奋战、视死如归、尽忠报国的英雄气概。两首诗歌看似毫无关联，但可以明确的是，无论是忧国还是报国，两位诗人心中燃烧的都是炽热的爱国之情，这就是共通之处。理解诗人的爱国情感，培养对祖国的热爱之情，是本节课需要实现的三维目标之一，也是"检测提升"环节的重心所在。因此，在本堂课的最后环节，播放课前由学生自己剪辑制作的爱国视频，所有学生通过观看视频，体会祖国的历史变迁，由此激发他们的爱国热情。随后趁热打铁，请学生们联系学习的两首诗歌以及生活实际，谈谈自己的感受。这一环节再次把课堂的主动权交还给学生，从制作视频到分享交流，争取让每一个学生都参与其中。在训练口语表达能力的同时，深入理解诗歌，激发爱国热情。

基于文本体裁的差异性，文言文教学则与古诗词教学有所不同。翻转课堂下的文言文教学，一改以往传统教学中教师逐句逐段翻译，学生盲记盲听的枯燥模式，以创新的思路和方式有效地调动了学生的积极性，提高学生自主学习文言文的能力。在"检测提升"这一环节，文言文教学的操作方式相对就有更多的选择。针对不同的教学目标，以及科学的时间分配，教师可制定相应的检测方式。第一，为了巩固学生对本篇文言文中重点字词句的掌握，教师以选择题的方式用平台推送相关习题，一般 10 道即可。学生回答提交完毕后，系统自动批改并统计答题数据。教师通过数据了解学生的掌握情况：学生哪些字词的理解还不够到位；哪些语句的翻译错误率较高；哪几位学生还需要课后加强学习等等。随后教师便可以有的放矢，课后布置相关作业进行补漏、巩固。第二，为了了解并加深学生对课文内容的理解程度，教师可以在"检测提升"环节要求学生通过思维导图的形式梳理归纳课文相关内容。以《岳阳楼记》为例，学生能否清晰地梳理出不同的景象让"览物"的"迁客骚人"产生不同的心情，与"古仁人"形成怎样的鲜明对比，从而引出作者怎样的政治抱负，这成为教师判断学生对课文内容掌握与否的重要依据。

翻转课堂作为一种全新的教学模式，为过去陈旧传统的教学模式注入了新的生命与创意。当然，如何正确有效地开展翻转课堂，仍是教师们始终要面对的问题。尤其在环节处理上，教师们应根据学生的实际情况，扬长避短，坚持贯彻"提出问题——解决问题——评价问题"的思维模式。一节课的时间是固定的，教师更要把握好每个环节的重要性，灵活科学地做好时间分配。出现直接跳过"检测提升"环节的情况，又或是为了保证环节的完整性，在"检测提升"环节设计一些毫无意义的活动，让翻转课堂变得形式化，这都是不可取的。

第三节　教学设计

九年级道德与法治 "学无止境" 的教学设计

海口市第九中学　岳宗良

课题	部编版九年级下册第三单元第六课第一框 "学无止境"				
授课教师	岳宗良	年级	九年级	学科	道德与法治
教学三维目标	（一）情感、态度、价值观目标 不仅重视书本知识的学习，还要坚持在实践中学习，在生活和工作中学习，树立终身学习的理念。 （二）能力目标 培养学生善于思考和勇于提出并解答问题的能力。 （三）知识目标 1. 正确对待学习中的压力，在学习中要有适度的压力，学会坦然面对。 2. 重视书本知识的学习，还要坚持在实践中学习				
	课前：完成 "爱学" 平台网上任务自主学习				
发布任务自主学习	课前网上发布任务内容	任务一：课前读书活动，仔细阅读教材 P66～P73；梳理本节课核心知识点，并完成配套学案，学案内容如下所示。 1. 到了初三，如何正确面对因学习、考试产生的压力？ 2. 正确看待在实践中学习。 3. 为什么要树立终生学习的理念？ 任务二：观看微课《学无止境》，认真感悟。 任务三：观看短视频《知识的光芒》，并在 "爱学" 网络平台写下观后感			

173

（续表）

收集学情 二次备课	根据学生任务完成情况调整课程内容	1. 根据情况反馈进行第二次备课。 2. 整理学生观看短视频《知识的光芒》的观后感，节选部分优秀的观后感放入课件，在课堂上分享展示

课堂：交流展示，合作探究，合理应用平板电脑			
教师活动	学生活动	设计意图	预设时间
（一）学情反馈 在课堂上展示前置任务的完成情况	课前作业情况反馈	了解学生执行任务情况和课前作业反馈，收集并整理学生预习中的做错的题目，每道题让一个同学分析原因，最后有针对性地解决	2分钟
（二）聚焦问题 展示前置任务中错误率较高的试题，请学生解答	以点名的方式让学生对前置任务中同学们错误率较高的题目进行解答	1. 确定本节课的上课重点和难点。 2. 让学生扮演教师，对疑难问题进行解答，锻炼学生的语言表达能力，并巩固基础知识的掌握。 3. 提升学生的学习兴趣	5分钟
（三）导入新课 1. 师生互动：了解学生是否因为到了初三，出现学习和考试时压力增大的情况。 2. 请同学们分析初三学习压力增大的原因和缓解压力的方法	1. 学生根据自己的学习生活体验，思考自己是否因到了毕业班而产生焦虑和压力。 2. 与同学们交流自己在生活中化解学习、考试压力的"小妙招"。 3. 明白到了初三，由于要学习新的知识、梳理原有的知识，还要面对升学的挑战，压力增大是很正常的事！我们要学会正视压力，合理疏导，享受学习，增长知识	1. 从学生的生活体验入手，使学生有较强的代入感。 2. 缓解同学们的思想焦虑，让他们理解：到了初三，面对繁重的学业和升学的挑战，压力增大是正常的，并不是心理脆弱的表现。 3. 同学们相互交流缓解学习压力的方法，以此让大家能更好地宣泄压力，享受学习，将学习变为一种生活方式	4分钟

（四）展示交流 1. 教师将在前置任务中学生对于短视频《知识的光芒》的观后感进行截图展示。 2. 认真听学生的分享，并给予点评	学生声情并茂地朗诵自己的观后感	1. 节选优秀的观后感，能给予学生较大的鼓励。 2. 声情并茂地朗读，可以激发学生的情感共鸣，让学生发自内心地理解"活到老学到老"的道理，树立终身学习的理念	7分钟
（五）合作释疑 1. 教师展示学生的困惑：有些同学会觉得"读书无用"，因为很多老板小学都没毕业，挣的钱却比大学生都多；比尔·盖茨大学都没毕业，却依然成了世界首富。所以，你认同"读书无用论"吗？ 2. 请学生按照事先分好的小组进行小组讨论，讨论后请各小组派代表回答，并给予点评。 3. 学生讨论时走进学生，了解学生思想 4. 通过讨论，总结出知识点：学习是一个长期的过程，不可急功近利；学习不仅是在学校，更要坚持在社会生活实践中学习	1. 学生按照事先分好的小组进行讨论。 2. 讨论后派代表回答问题	1. 通过小组讨论，激发学生的学习兴趣，增强了学生的课堂参与感。 2. 通过讨论，集结大家智慧的回答，能升华情感，帮助学生树立正确的价值观。 3. 通过讨论，让学生明白：一度甚嚣尘上的"学习无用论"，犯了"幸存者偏差"的错误，个别案例没有普遍意义；所有事业成功的人，他们都在坚持学习，只不过，学习的地点或许不是在学校，而是在社会实践中。 4. 通过讨论后归纳出知识点：在实践中学习。整个过程过渡衔接自然	12分钟

(续表)

（六）教师点拨 1. 请学生思考：你都参加过哪些社会实践活动，来锻炼和提高自己呢？ 2. 教师追问：参加这个活动，你最大的收获是什么？ 3. 教师总结：我们更应该学会在实践中学习，努力做到"知行合一"	1. 学生结合自身经验，交流自己参加社会实践活动的经历和收获。 2. 学生认识到：我们要重视社会实践，积极参加各类社会实践活动，增强问题意识，培养研究能力，做到"知行合一"	1. 该问题贴近学生生活经验，让学生容易参与。 2. 可以让学生明白：不仅要重视书本知识的学习，而且要坚持在实践中学习，实践出真知。 3. 让学生交流自己丰富多彩的社会实践活动，可以发挥朋辈激励效应，激发更多学生参与社会实践活动的热情	4分钟
（七）检测提升 1. 让学生结合本课知识点，画出本课思维导图，并拍照上传。 2. 对学生的作业给予点评	1. 根据自身能力，完成思维导图。 2. 通过"爱学"平台，拍照上传	有助于理清知识点之间的逻辑联系，形成清晰的知识脉络	6分钟
<div align="center">课后：个性化学习</div>			
1. 完善本节学案，整理知识点。 2. 完成"导与练"探究案和训练案。 3. 完成平台拓展延伸作业			

教学反思

本节课的重点是要让学生了解"学习的重要性"，并以此概念出发，认识到除了传统课堂知识的学习，也要重视在实践中学习；并且，伴随着信息化时代的到来，知识更迭将变得更为迅速，我们还要养成"终身学习"的习惯。在我的教学设计中，对于这些教学重难点的突破，主要是放在五环节中的"合作探究"中进行。在这一环节中，我让学生通过讨论"学习无用论"这一观点，让学生在互动中，得出"在实践中学习的重要性"以及"学习的价值不仅在赚钱，更在于个人价值的实现"的结论。但是，在该环节，教师一定要注意对学生的价值观进行正确引导。因为，确实会有一部分学生，会从社会上的个别案例中，产生"学习无用"的错误观念。所以，教师在学生合作探究后，必须进行适当点拨，告诉学生，这样的想法是错误的。该观念犯了"幸存者偏差"的错误。这样，在朋辈的相互启发中，再加之教师的点拨，会更有利于学生掌握本节课的核心知识点。

“动物体的结构层次” 教学设计

海口市第九中学　吴芳蕾

课题	动物体的结构层次			课型	新授
授课教师	吴芳蕾	年级	七年级	学科	生物
教材分析	本节介绍“动物体的结构层次”，主要讲述的是人体的结构层次，这是基于以下原因：人体的结构层次涵盖了其他动物的结构层次，了解了人体的结构层次，其他动物的结构层次就很容易理解；人体的结构层次与每个人都密切相关，是学生必须了解的内容，学习时可以借助学生已有的知识和经验，既有利于知识的理解，又有利于激发学生学习的兴趣；教材编排从细胞、组织、器官、系统到个体，按照从微观到宏观的顺序介绍了高等动物体的结构层次，这样循序渐进的方式既能帮助学生建立起对人体结构层次的整体认识，又能帮助学生理解各个层次之间的紧密联系				
学情分析	通过前面的学习，学生已经认识到细胞是构成生物体的基本单位，并系统学习了动植物细胞的基本结构，对于细胞的分裂和生长等生理活动有了初步的认识。细胞分裂使得细胞的数量增加，但是亿万个细胞并非简单的堆砌成为生物体，细胞分化才能形成各种组织，进而构建复杂的动物体。 七年级学生的抽象思维虽已有较大的发展，但仍需要具体的感性知识作支持，所以本节课以图片、视频等多种方式展开教学，变抽象为形象，让学生通过观察、思考、小组讨论等方式逐步突破重难点，获取知识				
教学目标	知识与技能： 1. 概述细胞分化的生理过程，理解组织的定义。 2. 认识人体的四种基本组织的结构特点及其功能。 3. 描述人体的结构层次：细胞、组织、器官、系统、个体。 方法与过程： 1. 通过阅读课文、观察图片，培养学生的材料分析能力和自主学习能力。 2. 通过小组讨论、展示交流，培养学生的合作学习能力和语言表达能力。 情感态度与价值观： 初步形成生物体是一个整体的生物学观点				

（续表）

教学重点	1. 生物体的各组织是由细胞分裂、分化形成的。 2. 人体的结构层次：细胞、组织、器官、系统、个体	
教学难点	1. 生物体的各组织是由细胞分裂、分化形成的。 2. 人体的四种基本组织	
教学方法	微课视频、观察法、课堂讨论法等	
教学媒体	爱学派、实物投影仪、多媒体课件等	
课前发布网上学习任务	自主学习任务	自学微课《动物体的结构层次》，完成三个任务： 1. 读教材，用色笔圈点本节重点内容。 2. 认真观看《动物体的结构层次》微课，提交学习心得，并写出存在的困惑。 3. 完成本课的自学检测
	获取学情	通过学生提交的学习心得、反馈的困惑以及自学检测的完成情况，可知学生容易理解人体的结构层次从微观到宏观分为细胞、组织、器官、系统、个体，对器官构成系统，系统进一步构成人体等知识点掌握较好。但对细胞分化的定义和结果，人体四种基本组织的结构和功能理解不到位，以及对如何区分组织与器官仍存在疑惑，从而确定我二次备课要攻克的重难点
二次备课	课堂教学过程	**教师活动**　　　　　　　　　　　　　　**学生活动**
		（一）学情反馈 1. 展示课前任务完成情况，点评表扬表现出色的同学。 2. 呈现本节课的学习目标　　　　　1. 听取任务反馈 　　　　　2. 齐声朗读学习目标
		（二）聚焦问题 【知识梳理】 1. 概述人体的结构层次，导入重难点。 2. 播放受精卵经多次分裂后再分化成不同种类组织的动画。 提问：从受精卵发育成完整的人体这一过程中，不同形态、结构、功能的细胞是如何形成的？　　　1. 复习人体的结构层次，为理解细胞分化形成组织奠定基础。 2. 观看视频，直观地感受细胞分化形成组织的过程，进而理解细胞分化的定义和结果

（续表）

| 二次备课 | 课堂教学过程 | （三）合作释疑
任务1：【小组讨论】结合课本，分别找出人体四种组织各自的特征及其功能，并举例说明。请将小组讨论结果记录到导学案的表格中，拍照上传。
任务2：【小组讨论】胃在人体中具有什么功能？根据胃的功能特点，你认为胃应具备哪些组织？
胃主要执行消化食物的功能。
胃可以蠕动——肌肉组织。
胃可以分泌胃液——上皮组织。
胃可以感觉疼痛——神经组织。
胃内有血液流动——结缔组织 | 1. 结合课本图文介绍，对比人体四种基本组织的结构特点，通过小组讨论找出四种组织的功能，理解"结构对应功能"这一生物学观点。
2. 结合生活经验，分析得出胃由多种组织构成这一结论，理解不同的组织按照一定的次序结合在一起构成的行使一定功能的结构就是器官。进而理解胃和其他器官共同构成的消化系统；八大系统共同构成了完整的人体 |
| | | （四）展示交流
1. 组织学生展示小组讨论结果，组与组之间进行点评、纠错和补充。教师点评学生代表的回答，并及时给予肯定和鼓励。
2. 错题分析。
呈现自学检测中错误率比较高的题目，让学生分析解决。
3. 拓展提升思考题。
提问：皮肤是人体的天然保护屏障，能够抵挡各类病菌入侵，同时，又具有分泌汗液、排泄、散热的功能。若不小心划破皮肤会流血，同时感觉到疼痛，请问皮肤应属于哪一结构层次？
4. 课堂小结。
总结本节课的内容，布置作业让学生完成思维导图。选取部分学生的思维导图进行展示 | 1. 对于任务1，学生代表通过投影展示本组的讨论结果，结合表格和图片，分别介绍四种组织的结构特点及其功能。不同小组可以纠错或补充说明；对于任务2，学生通过举实例说明胃的功能，找到与之对应的组织结构，从而明白胃是由不同组织构成的器官。
2. 运用课堂所学知识，重做题目，逐个分析错误选项，解决前置任务中存在的疑难问题。
3. 展开讨论，通过分析皮肤得知是由上皮组织、结缔组织和神经组织等构成的，故而皮肤在结构层次上属于器官。通过实例分析，学会判断人体的结构层次。
4. 对比其他同学的思维导图，对自己的思维导图进行查漏补缺 |

（续表）

二次备课	课堂教学过程	（五）检测提升 通过平板电脑推送课堂检测给学生，进行达标训练，通过平板电脑收集学生的完成情况	完成课堂检测题，将所学知识运用到解题的过程中
		板书设计： 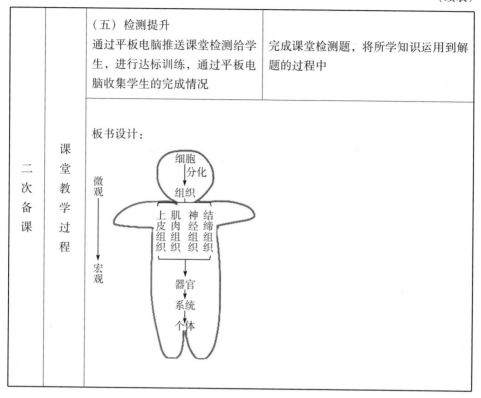	

教学反思

"动物体的结构层次"这一节课的内容看似简单，但学生学习起来有一定的难度。因为细胞分化形成组织，组织形成器官，器官构成系统，由系统构成整体，既包含了微观上的难点，同时也具有宏观上的难点。加上我们无法用显微镜进行实验，学生无法获得直接的感性认识，这给教学带来了一定的难度。我通过"爱学"平台发布任务，让学生先自学微课，对本课内容形成初步的理解，并完成自学检测。我根据学生自学检测反映出的问题进行二次备课。

本节课的教学过程中，我积极引导学生观察，以问题的提出解决为主线，通过问题的解决，实现学生的主动探究。依据教学进程创设问题情境，提出问题→小组讨论→解决问题→错题分析→得出结论。在学习识别四种基本组织的时候，不但引导学生观察，而且通过图表比较的方法进行归纳和总结。这些过程培养了学生阅读资料、整合图文、获取新知识的能力。

在攻克难点的过程中，始终让学生自己来发现知识之间的联系，让他们充分地了解知识之间的线索，通过自己的观察和对比进行学习，通过表格的形式比较来学习人体的四种基本组织，并通过小组之间的讨论与交流共同完成学习。以学生平常生活中常见的例子来学习，既能激发学生的学习兴趣，也能争取把学习的知识应用到生活当中。最后通过思维导图的方式构建本节课的知识网络，引导学生进行课堂小结。

在本节课教学过程中，由于在辨别组织与器官时，让学生小组讨论花费了较多时间并因此导致了课堂练习的完成时间不够。这也是本节课教学中的不足之处。另外，在课堂演练的习题这部分，应该精选更有针对性的题目，这样效果会更好。

七年级数学 "认识不等式" 的教学设计

海口市第九中学　唐彩华

课题	认识不等式				
授课教师	唐彩华	年级	七年级	学科	数学
教学三维目标	【知识与技能】 1. 能够从现实问题中抽象出不等式，了解不等式的意义，会根据给定条件列不等式。 2. 正确理解"非负数""不小于"等数学术语。 3. 了解不等式的解的意义，能举出一个不等式的几个解并且会检验一个数是否是某个不等式的解。 【过程与方法】 通过由具体实例建立不等式模型的过程，进一步发展学生的符号感和数学建模的能力。 【情感态度】 在学习过程中使学生获得独立克服困难、运用知识解决问题的成功体验，树立学好数学的自信心；在独立思考的基础上，积极参与讨论，在合作交流中有一定收获				
教材分析	本章的主要内容是华东师大版七年级下册数学第八章的内容，一元一次不等式解法及其简单的应用，是继一元一次方程和二元一次方程组的学习之后，又一次数学建模思想的教学，是进一步探究现实生活中的数量关系、培养学生分析问题和解决问题能力的重要内容，也是今后学习一元二次方程、函数以及进一步学习不等式知识的基础。通过实际问题中一元一次不等式的应用，进一步增强学生学数学、用数学的意识，体会学数学的价值和意义；相等与不等是研究数量关系的两个重要方面，用不等式表示不等的关系，是代数基础知识的一个重要组成部分，它在解决各类实际问题中有着广泛的应用。				

（续表）

教材分析	本节课的内容是本章第一课时，认识不等式，主要介绍不等式和不等式的解的概念及用不等式表示某些不等量关系，是研究不等式的导入课，使学生充分认识到学习不等式的重要性和必然性，激发他们的求知欲望；经历、感受概念形成的过程，使学生正确抓住不等式的本质特征，形成概念，为进一步学习不等式的性质、解法及简单应用起到铺垫作用
学情分析	1. 学生对实际生活中的不等量关系、数量大小的比较等知识，在小学阶段已有所了解。 2. 学生已初步具备了"从实际问题中抽象出数学模型，并回到实际问题解释和检验"的数学建模能力。 3. 学生已初步具备探究和比较的能力
教学突破	由于学生在以前已经对数量的大小关系和含数字的不等式有所了解，但还没有接触过含未知数的不等式，因此在学生分析问题的时候教师要注意引入现实中大量存在的数量间的不等关系，研究它们的变化规律，使学生知道用不等式解决实际问题的方便之处。 同时在本节的教学中能够在组织学生讨论的过程中适当地渗透变量的知识，让学生感受其中的函数思想，并引导学生发现不等式的解与方程的解之间的区别。 在处理本节难点时教师指导学生练习有理数和代数式的知识，准确"译出"不等式

课前：完成"爱学"平台的网上任务，自主学习		
	任务	设计意图
发布任务 自主学习	任务一：阅读课本 50~52 页，并用红笔标示出"不等式"与"不等式的解"的概念；观看微课，提出疑难问题，并找找生活中的不等关系。 任务二：根据自己的理解，写出两个不等式和你认识的不等号。 不等式 1 _____；不等式 2 _____；不等符号_____。 任务三：根据文字翻译不等式。 用适当的不等式符号表示下列关系： （1）a 是负数：_____。 （2）a 是非负数：_____。 （3）a 与 b 的和小于 5：_____。 （4）x 与 2 的差大于 -1：_____。	

（续表）

| 发布任务
自主学习 | （5）x 的 4 倍不大于 7：_____。
（6）y 的一半不小于 3：_____。
任务四：完成课前检测。
单选题（共 6 小题，共 60 分）。

1. 有下列各式：① $-3 < 0$；② $x \geqslant 2$；③ $x = a$；④ $x^2 - 2x$；
　⑤ $x \neq 3$；⑥ $x + 1 > y$。其中，是不等式的有（　　）
　A. 2 个　　　　　　　　B. 3 个
　C. 4 个　　　　　　　　D. 5 个

2. 有下列各式：① $3x = 5$；② $a > 2$；③ $3m - 1 \leqslant 4$；④ $5x + 6y$；
　⑤ $a + 2 \neq a - 2$；⑥ $-1 > 2$。其中，是不等式的有（　　）
　A. 2 个　　　　　　　　B. 3 个
　C. 4 个　　　　　　　　D. 5 个

3. 若 m 是非负数，则用不等式表示正确的是（　　）
　A. $m < 0$　　　　　　　B. $m > 0$
　C. $m \leqslant 0$　　　　　　　D. $m \geqslant 0$

4. 数 x 不小于 3 是指（　　）
　A. $x \leqslant 3$　　　　　　　B. $x \geqslant 3$
　C. $x > 3$　　　　　　　D. $x < 3$

5. 下列说法中正确的是（　　）
　A. $x = 1$ 是方程 $-2x = 2$ 的解
　B. $x = -1$ 是不等式 $-2x > 2$ 的唯一解
　C. $x = -2$ 是不等式 $-2x > 2$ 的解集
　D. $x = -2$，$x = -3$ 都是不等式 $-2x > 2$ 的解且它的解有无
　　数个

6. 下列说法中，错误的是（　　）
　A. 不等式 $x < 5$ 的整数解有无数个
　B. 不等式 $x > -5$ 的负数解有有限个
　C. 不等式 $x + 4 > 0$ 的解集是 $x > -4$
　D. $x = -40$ 是不等式 $2x < -8$ 的一个解 | 让学生先学，培养学生的自主学习能力，带着问题去学习，有目的地学习，更利于学生知识的拓展提升。 |

（续表）

收集学情二次备课	根据学生任务的完成情况反馈进行第二次备课，二次备课时对课程内容、教学目标进行调整

课堂：交流展示，合作探究平板应用

教师活动	学生活动	设计意图	预设时间
（一）学情反馈 利用"爱学"平台，整理课前任务反馈出的总体完成情况	观看教师展示的课前任务的反馈情况	肯定学生的学习状态，鼓励学生再接再厉，激发学生的学习兴趣	2分钟
（二）聚焦问题 聚焦学生自学过程存在的问题，同时提出本节课的学习目标	观看教师展示的课前任务存在的问题，并明确本节课的学习目标	让学生明确学习目标，有目的地进一步解决问题	2分钟
（三）合作释疑 1. 教师引导学生释疑问题1：不等式的概念及不等式解的概念。 教师展示学生作业，引导学生发现问题：有哪些不等符号？"3＞4"是不等式吗？ 教师小结判断不等式的方法。 2. 教师引导学生释疑问题2：翻译"不等号"。 教师指出显性符合和隐形符号的注意问题，训练学生对"不大于"等数学术语的使用	发现问题，交流讨论问题，释疑问题	理解不等式的概念和不等式的解的概念，知道怎样将文字叙述转化为不等式。 根据教师展示的具有代表性的作业，引导学生发现问题，诱发学生思考，引发认知冲突，活跃学习气氛、产生合作需要，最后释疑问题	6分钟

（续表）

		通过小组交流生活经验，增加生活常识，让学生的数学学习更接近生活，学会用数学的眼光看问题。	
（四）展示交流 1. 聊聊生活中的不等关系。 2. 实际问题转化为数学问题：长影环球 100 奇幻乐园的门票购票问题。 问题 1：20 人如何购票？ 问题 2：30 人如何购票？ 问题 3：80 人如何购票？ 问题 4：咱们班 57 人如何购票？ 问题 5：人数和购票方式存在怎样的关系？ 3. 小结列不等式的方法	1. 小组交流。 2. 仔细讨论，完成对实例的分析，并能在此过程中发现现实中存在的不等量之间的关系。 3. 认真讨论并思考，发现实例中不等量之间的关系可以用不等式表达，并能发现其解不唯一	通过学生的亲自演算比较，进一步理解不等式的概念和不等式的解的概念。 在教师的指导下学生能对变量有初步认识。 发散性思维训练和思想教育水到渠成	20 分钟
（五）检测提升 单选题（共 6 小题，共 60 分）。 1. 下列各式中，是不等式的是（　　　） 　　A. $2x = 7$　　　B. $-2x > 5$ 　　C. $4 - 2x$　　　D. $x + y = 1$ 2. 有下列各式：①$-5 < 7$；②$3y - 6 > 0$；③$a = 6$；④$2x - 3y$；⑤$a \neq 2$；⑥$7y - 6 > y + 2$。其中，不等式有（　　　） 　　A. 2 个　　　B. 3 个 　　C. 4 个　　　D. 5 个 3. 下列各数中，是不等式 $x - 5 > 6$ 的解的是（　　　） 　　A. -5　　　B. 0 　　C. 8　　　D. 15	通过"爱学"平台完成检测提升	通过分析学生的做题情况，了解他们对本节课知识的掌握情况；通过分析错误，提出容易犯错的地方，及时巩固新知识	5 分钟

（续表）

4. 语句"x的8倍与x的和不超过5"可以表示为（　　） 　A. $8x+x\leqslant5$　　B. $x8+x\geqslant5$ 　C. $8x+5\leqslant5$　　D. $x8+x=5$ 5. 某市某天的最高气温是33 ℃，最低气温是24 ℃，则该市这一天的气温t（℃）的变化范围是（　　） 　A. $t>33$　　　B. $t\leqslant24$ 　C. $24<t<33$　D. $24\leqslant t\leqslant33$ 6. 贵阳市今年5月份的最高气温为27 ℃，最低气温为18 ℃，已知某一天的气温为t℃，则下面表示气温的不等式关系正确的是（　　） 　A. $18<t<27$　B. $18\leqslant t<27$ 　C. $18<t\leqslant27$　D. $18\leqslant t\leqslant27$			
（六）课堂总结 1. 两个概念的方法总结。 　判断一个式子是不是不等式：看式子中是否含有"$<$，$>$，$\leqslant$，$\geqslant$，$\neq$"这几种常见的不等号，若有，则是不等式；否则不是。 2. 一个关系。 　关键审题，抓不等关系	梳理本节课的学习过程，总结做题方法	及时总结，有助于对学生思维能力的提高，培养他们学会智慧地去思考问题和解决数学问题	5分钟
（七）教师寄语 昨天$<$今天，研究$\geqslant$经验， 自负$\neq$自信，模仿$\leqslant$原创			
（八）布置作业	分层安排达标内容		

（续表）

课后：个性化作业
（一）基础过关题
1. 在下列数学表达式中，属于不等式的是（　　） 　　① $-3 < 0$；② $3x + 5 > 0$；③ $x^2 - 6$；④ $x = -2$；⑤ $y \neq 0$；⑥ $x + 2 \geqslant x$。
2. 比较下列各数的大小： 　　-5 ＿＿＿＿ 4；1 ＿＿＿＿ 0；1 ＿＿＿＿ -2。
（二）能力提升题
3. 用不等式表示下列语句。 　　（1）a 的三倍与 7 的差是非正数。 　　（2）x 与 6 的和大于 9 且小于 12。 　　（3）y 的一半与 5 的和大于 1。 　　（4）a 是非正数；x 的两倍加 3 小于 5。
（三）课后探索
不等式与方程之间的联系与区别。

教学反思

我对"智慧课堂"的理解是：所谓"智慧课堂"，是依据知识建构理论基于动态学习数据分析和云端的应用所建构的信息化、智能化的课堂教学模式。

目前我校已初步形成翻转课堂教学模式：三翻三步五环节。"三翻"从教学形式、教学角色、教学评价三方面进行翻转；"三步"指课前三步骤，学生观看微课，完成导学案，教师进行学情的分析；"五环节"指课中五环节，学情反馈，聚焦问题，合作释疑，展示交流，检测提升。

在"三翻三步五环节"的教学模式实践过程中还存在很多问题，最大的问题是如何设计有效的前置任务，以及如何保证课堂的有效延展。

因此本学期我的实验目标和发展方向是：继续加大信息技术与数学课堂有效融合的力度，提高学生自主学习的能力和智慧课堂的有效性。真正达到四个理解的目的，即"理解数学，理解学生，理解技术，理解教学"。我在本节课中是通过如下方式体现的。

首先，在本节课中，为了更好地提高学生自主学习的能力，为了体现探究目的，该设计有适度的障碍性，能诱发学生思考，引发认知冲突。我设置了4个前置任务：（1）阅读教材并观看视频；（2）观看视频后，根据自己的理解写出两个不等式；（3）根据文字翻译不等式；（4）设计"入门测试"。

其次，在"展示交流"环节中，我结合教材，根据学生的实际生活，改编了教材中的"导入材料"，让问题更接近学生的生活，逐层深入地设置了5个问题，逐步引导学生建立数学模型，摸索出解决问题的方法，实现了用数学解决生活问题的教育实效性。我国教育家陶行知先生说过："教育要通过生活才能发出力量而成为真正的教育。"我也是源于此设计了这样的教学方案。

作为教师，我们要传递知识给学生，但知识的最大意义体现在应用之中，这也是与发展学生的核心素养相契合的。今天这节课的设计就充分体现了这一点。智慧的课堂可以启迪学生的数学思维，智慧的课堂需要师生之间、生生之间知识的汇聚、思维的碰撞、思想的交锋和情感的交融，尤其需要体现数学教育的意义。

我们一直说，教育是唤醒，是一朵云推动另一朵云，是一棵树摇动另一棵树。在以后的实践过程中，我们全组老师，将一如既往，用心、用情、用力，努力工作，用一个智慧的生命去点亮和唤醒更多的智慧生命。

利用课堂优势　优化课堂教学

—— "What's the highest mountain in the world?" **教学案例**

海口市第九中学　林妍

随着信息技术和外语教学的深度融合，"翻转课堂"模式已经成为中学英语教学改革中的一项重要内容。海口九中在邢福楷校长的带领下，不断探索和创新教学模式，充分利用课堂优势，优化课堂教学。

本课时的内容为人教版新目标初中英语教材八年级下册的 Unit 7，该单元的话题是"Facts about the world"，功能是"Talk about geography and nature"，Section A 为本单元的导入部分，主要围绕地理知识展开，集中呈现了大数字的读法和表示度量的结构，并进一步拓展了比较级和最高级的使用。活动1a～1c属于本单元导入部分的内容，重点突出如何用含有大数字的度量结构表述这些地理信息。活动 1b 的听力内容呈现了描述这四个地方的比较级和最高级结构，学生通过听后填空来熟悉这些结构的含义和用法；活动 1c 让学生结对操练，通过模仿听力中大数字的读法，口头再说出这些大数字，并用这四个地方的相关信息进行控制性的语言操练。活动 2a～2d 的重点是听和说的教学。借助我国人口、历史、河流的话题内容，将学生代入我们自己的地理与人文语境中。听力活动按梯度设计，要求学生能够通过听获取一些重要数据及与之相关的文化信息。活动 2a 要求学生按听到的内容给句子排序；活动 2b 要求学生听懂大数字的表达并选出对应的数字；活动 2c 是基于听力内容的语言输出，让学生尝试运用听到的比较级和最高级结构进行问答；活动 2d 为学生呈现了一个完整的关于明长城基本信息的对话范例，供学生参照模仿。

八年级的学生英语已有一定的基础，比较级、最高级的基本变形及使用在前面的教学中也已经涉及，对数字的读法也有基本的了解。在教学中，充分利用多媒体、图片等，使英语学习与学生的实际生活更贴近，激发学生的学习兴趣，同时创设情境，让每个学生在课堂上动起来，积极参与到教学活动中去，更好地实现教学目标，达到理想的教学效果。本课通过教师自身的情景式导入和与学生互动问答的形式，学习和巩固该话题下的词汇句型，激发调动学生的求知欲，熟练使用以下词汇、短语和句型。

单词词组：

square，meter，deep，desert，population，Asia，feel free，tour，tourist，wall，amazing，ancient，protect，wide，as far as I know.

句子：

What's the highest mountain in the world?

How high is Qomolangma? —It is about 8 844.43 meters high.

Did you know that China is one of the oldest countries in the world?

China is almost as big as the US.

Qomolangma is higher than any other mountain in the world.

China has the biggest population in the world.

本课通过听前的词汇分类与听中聚焦关键信息，学生能掌握该听力策略。计划通过听后深度挖掘听力信息任务的设置和文本再构，学生能进一步去判断并思考表达观点，发展了口语技能。

在情感态度价值观方面，所期望达成的目标是学生能够运用形容词和副词的比较级及最高级来谈论中国及世界地理知识，激发孩子们对中国历史及壮美山河的热爱。

本课的教学重点：（1）掌握数词和大数字的表达形式；（2）能运用目标语言简单描述中国及世界地理知识；（3）通过听力训练提高综合听说能力。教学难点是学生在学习过程中能准确使用形容词和副词比较级及最高级的结构并能准确运用目标语言来正确描述地理知识。

针对以上学情分析，利用翻转课堂的模式能很好地解决教学中的问题。

课前	
网络前置任务	1. 观看微课：推送微课"What is the highest mountain in the world?"，让学生通过课前自学熟悉本课的生词及词组，了解比较级和最高级以及数字的读法，为后续的口语操练打好基础。 2. 完成导学案：学生们在平板电脑上完成教师布置的前置练习。 3. 学情反馈：学生们在完成前两项任务后，在网络上留言提出疑问，教师收集反馈情况进行二次备课

前置任务 具体内容	1．观看微课。 （1）观看微课，跟读单词及词组，并在课文中划出。 （2）总结微课里数字的读法，总结比较级、最高级的变形及使用规律。 设计意图：学生在课前根据微课自主学习生词及词组，感受数字读法及比较级、最高级的运用，为课堂上口语操练的输出提供了必要的输入。 2．完成导学案。 （1）观看微课后总结学习心得和体会，分享收获及提出疑惑。 （2）前置作业。 ①根据句意及首字母完成句子。 ②请翻译以下词组。 　最高的山；有最大的人口；最古老的国家；随意做某事；据我所知。 ③单项选择。 ④写出以下数字的读法。 　1 025；6 671；8 844.43；9 600 000。 ⑤查找资料回答下列问题。 　Which is the longest river in Asia? 　What's the population of China? 　How old is China? ⑥Read 2d after the recording and answer the question. 　What do you know about the Great Wall from the conversation? 　（请列出 2～4 条关于长城的信息）
存在的问题	

课中			
教学环节	教学活动	设计意图	教学时间
（一）学情反馈	通过前置任务进行总结和分析	对课前网络学习情况进行总结分析，对做得好的同学给予表扬，对出现的问题及错误进行纠正引导	5 分钟

（续表）

（二）聚焦问题	1. 展示两个城市的照片及人口面积的对比表格。 2. 展示课本1a里的四张图片。 3. 完成1a。 4. 根据1a的句子对听力进行预测	1. 可以激发学生的兴趣，激活学生已学过的比较级和最高级的基础用法，为后面的口语操练打好基础。 2&3. 进行地点名词教学，扫清输出障碍。将数字与地点联系在一起，为完成1a作铺垫，降低听力难度。 4. 训练学生根据所掌握的信息对听力内容进行预测，同时也是比较级、最高级的句型转换训练	7分钟	
（三）合作释疑	1. 听短文检测预测的正误。 2. 利用前置任务中学生所查资料引出中国地理实情，为听力作准备。 3. 根据所得信息尝试将数字填入文中。 4. 听短文填入数字并排序	扫清了句型、词组及语法障碍之后用听力创设情境，学以致用。听完听力后以小组为单位总结所得信息为口语输出作铺垫	11分钟	
（四）展示交流	1. 分享前置任务中阅读2d找出的关于长城的信息。 2. 总结整节课所谈到的地理事实。 3. 根据所总结的事实编写对话	学生2~4人一组，利用所学知识编写对话。这里将2d的关键信息整合到一起，既能减少学生的学习负担，又能对重点句型进行训练。这是一个输出的过程，是学生在前面的学习之后的提升和拓展	12分钟	

（续表）

（五）检测提升	教师检测并帮助学生总结今日所学单词、词组、句型	通过设置问题及习题对课堂内容进行检测并引导学生对所学的知识进行整合总结	5分钟

教学反思

现在的新教材词汇量大，单词长，生僻词较多，自然也就增加了教学的难度，但我们又必须让学生掌握，否则难以适应新教材的要求。那么我们该采取什么方式来教学单词呢？翻转课堂中通过网上学习及时反馈信息无疑是很好的教学模式。微课布置趣味教学视频让学生感知新词，教师在课堂上再辅以现代化的教学手段，借助图片、幻灯片等手段，真正达到重情景、重趣味、重运用的教学目标，使单词具有语言的意义，使其在特定的语境中被引出，这样既便于学生理解，印象也深刻，从而达到学以致用的效果。在口语操练的过程中，引导得当，但是可以再多循环几次，保证大量的输入，在后续输出的过程中学生的熟练程度会更好。

第三章

学生及
家长评价

翻转课堂之我见

海口市第九中学　2021 届初三（3）班　黄瑞

　　进入初中校园，初次了解到"翻转课堂"这个词时，我的心中不禁充满了疑问：翻转课堂是什么？和传统课堂有区别吗？操作起来会不会很难？……

　　开学初，虽然学校组织了几次培训，但实际上对翻转课堂的参与机会并不多，让我甚至一度产生了这样的想法：翻转课堂只是通过一个小小的平板电脑看视频学习，换了一种方式将传统课堂再次呈现出来而已，对学生的意义并不大，只不过是宣传方行骗的幌子罢了。

　　然而令人意外的是，随着参与翻转课堂的次数逐渐增加，我惊喜地发现班上一些平时在传统课堂上不常举手回答问题、经常开小差的同学竟能够踊跃地参与到翻转课堂中，认真思考老师提出的问题，并主动和同学们合作探讨。我慢慢意识到：或许，翻转课堂的方式更加新颖，更能调动同学们的参与度呢！对于翻转课堂，倘若能够熟悉并掌握每一个环节，利用好平台的功能和资源，便能发现其中的一番新天地，从而为自己的学习带来极大的帮助。

　　课前，我们首先自行观看简短的微课视频，掌握知识点，通过老师布置的不同深度的习题，巩固重难点、找出疑点，并在平台上与其他同学共同讨论问题，必要时还可以查阅自己需要的资料，这样充分激发了我们自主学习的主动性和积极性，有利于提高我们知识吸收内化的能力。其次，同学之间根据不同程度的学习能力进行任务分配和分组学习，互帮互助，交流讨论。

　　当遇到特殊情况时，翻转课堂的优势更加明显。疫情期间，我们足不出户，便可以在家通过教师发送的微课视频、课件等资源，独立学习新知识，教师在线提供指导和帮助，随后还有习题复习检测，来巩固所学知识。这样一来，我们的学习不仅没有落下，学习质量还有了显著的提升。

　　翻转课堂的实质就是我们学生自学，教师提供指导，重新分配学习时间。它从根本上互换了教师和学生的位置，改变了传统课堂上教师居高临下、机械化地向学生灌输知识的方式，使我们之间有了良好的互动和交流，同时激发我们对问题的思考，点燃了我们对学习的热情，促使我们自主探究问题，一定程度上改变了填鸭式教学的弊端。课前观看微课视频时，我们可以根据自身的能力水平来把控学习的进度。课堂上的"随机点名"和"举手抢答"等活动很好地改变了上课的氛围和学生们上课的状态，大大调动了大家的参与度。小组间的讨论也在无形之中锻炼了我们的语言表达能力，收获了更多表达的技巧，越来越多的同学主动参与讲演，扩大了课堂的参与面。此外，平台的特殊功能能使学习内容和资源永久保存，以供我们需要时查阅和修正。相较于传统课堂，翻转课堂更加灵活便捷，是一种全新的个性化教学的体现。

奇妙的翻转课堂

海口市第九中学　2021 届初三（2）班　王诒乐

早在战国时期，教育一词就出现在了《孟子·尽心上》中，"得天下英才而教育之"。千百年来，人们一直使用传统的教育模式，即以教师、书本和课堂为中心的单向输出将宝贵的知识传承下来，但随着社会的发展与现代科技的日渐发达，传统的教学模式已渐渐满足不了我们的需要，我们开始思考如何改变传统教学模式，打造适应新课改要求的高效课堂模式，于是出现了一种高效有趣的全新教学模式——翻转课堂。

翻转课堂不同于传统的教学模式，它将学习的决定权从教师转移到了学生。课前，学生需提前自主学习课本的知识内容，这样教师就可以充分利用宝贵的课堂时间与学生互动交流，让学生参与教学活动，通过现代媒体让学生获得对所学知识更深层次的理解。

最初接触翻转课堂，我并不了解它的意义，对它的认知仅仅停留在"把在黑板上呈现的教学内容挪到了平板电脑上""可以在网上做作业"……但上了几堂翻转课后，我对它的认识发生了翻天覆地的改变。

上课前，不同于以前盲目有限的自我预习，现在的我可以使用平台中的资源、教师的视频讲解进行有针对性的微课预习。微课的讲解让我了解本课即将学习的知识点，做完预习题，我可以清楚地知道自己的不足之处，到上课时便能有针对性地向老师提问。课堂上，老师会将 PPT 推送到学生的平板电脑上，如果有来不及记的笔记可以使用截图功能课后再补记，这对于写字手速慢的同学来说可谓是救星一样的存在。

以前上课，教师在上面讲得激情昂扬、滔滔不绝，但台下的学生却是有的两眼茫然，有的昏昏欲睡。有时教师提问学生答非所问，学习效果不尽人意。可在翻转课上，教师使用电脑随机点名、学生抢答等模式进行互动，使课堂变得生动有趣，让学生们更能融入课堂。课后，学生还可以使用"个性化学习"等功能进行知识巩固，让所学的知识内容掌握得更牢固扎实。

　　自从上了翻转课堂后，让我最深有体会的科目便是数学。以前数学老师在黑板上写的数学公式，我感觉好像看天书一般，尤其是老师枯燥的解题方法，让我们觉得像是"孙悟空的紧箍咒"，更别提能对数学这科产生浓厚的学习兴趣了。可现在，我们会通过视频、图像讲解预习成果，小组分组讨论，以及课上争先恐后竞争抢答名额，争取让自己当上第一个上传答案的人。寓教于乐让我们对数学产生了深厚的兴趣，让我们做到有问题及时提出，及时解答，而不会出现像以前那种"一句不懂，句句不懂"的情况，让我觉得学习方程更加简单，以前惧怕的几何也不再是学习上的猛虎难以对付，我的数学成绩在上了翻转课后出现了突飞猛进的进步。

　　在这种创新教学模式下，不仅是数学，各科的学习都让我们学会了主动思考。通过视频化与信息化的学习，营造了良好的学习氛围，由"死板"的教学变成了活跃的教学互动。翻转课堂作为一种全新的教学模式，既有创造性，又有可行性，如果你参与其中，一定会觉得妙不可言。

静待花开　智慧课堂让孩子插上信息的翅膀

海口市第九中学　2021届初三（3）班　孙谈家长

其实，作为一名年过四十的学生家长，我对智慧课堂不是十分了解。后来，孩子进入海口九中后，在选择班级的时候，学校出现一个名为"智慧班"的班级。据悉，学校此举的目的是将高科技引入教学中，让学生和教师共同发挥主观能动性，集合每个人的智慧于课堂。

说白了，一直以来，在教育孩子的路上，我对网络有着一种隐性的恐惧，多少孩子因沉迷网络游戏而迷惘不止。然而，堵不如疏，作为这个时代最常接触和应用的工具，必须要加以引导。

后来，我从网上了解到，所谓的"智慧课堂"，指的是将高科技引入教学中，让学生和教师共同发挥主观能动性，集合每个人的智慧于课堂。智慧课堂与智慧教学理念的结合，将为教育行业树立成功典范，是教育信息化发展到一定阶段的缩影。通过传播新的理念，扩展学生的思维空间，为构建发展新平台树立标志。

因此，这两年来，不管是周末或是寒暑假及晚上，我常常看到孩子手持平板电脑，做题、念单词……我了解到，这是学校利用周末大休的时间，让学生回家看视频，完成知识学习，返校后在课堂上解决疑难问题。另一种是教师把教学重难点分别制作成微视频，上传至网络，学生利用假期进行学习。

我个人认为，这充分利用了孩子闲暇的时间，让他们到处学、时时学。一名优质学生应该有一个良好的学习习惯，智慧课堂则培养了众多孩子的良好学习习惯。

2020年春节，突如其来的新冠肺炎疫情牵动着千万人的心，家长无法复工、孩子寒假的各项活动取消，开学延期。在全国齐心协力阻击疫情的关键时刻，海口九中立刻行动，教师们用责任、爱心和孩子沟通交流，在疫情期间实施网上授课，真正做到了"停课不停学"。

网课期间，由于疫情影响，教师上课时候手边的教学资源很少，幸亏有了北京四中网校这样一个平台。这里，每节课都有对应的教学课件和教学视频，还能布置作业。上面的题库很丰富，有很多中招试题便于参考。还有一个在线考试功能，教师能及时检测学生的学习成果，自己设置答题卡，方便批改。

有了这个平台，学生的学习生活更加规律，上课下课，课后作业完成，有检测有落实。学生的自主学习和自主管理能力都有了很大的提升。

两年多过去，从自家孩子身上，我惊喜地发现，"智慧课堂"不仅提升了学生的能力，同时，还促进了教学资源的传递与共享，便于学生随时查阅。通过我的了解，发现实行翻转课堂最大的意义在于转变了师生的传统角色，真正实现了"教师教"为"学生学"，确立了学生的学习主体地位，调动了学生主动学习的兴趣，提升了学生的学习、思维能力。

此外，让学生自己掌控学习，有助于培养学生的自主管理能力。智慧课堂利用教学视频，能让学生根据自身情况来安排和控制自己的学习。学生在课外或回家看教师的视频讲解，学习完全可以在轻松的氛围中进行，而不必像在课堂上教师集体教学那样紧绷神经，担心遗漏什么，或担心因为分心而跟不上教学节奏。学生观看视频的节奏快慢全由自己掌握，懂了的快进跳过，没懂的倒退反复观看，也可停下来仔细思考或笔记，甚至还可以通过聊天软件向老师和同伴寻求帮助。这样做可以实现让学生将有限的时间用到自己需要攻克的难点上，有助于学生学习效率的提高，实现学生学习的个性化。

智慧课堂还增加了师生、生生之间的互动。学生在课下视频的学习中，可以跟同学进行充分的合作交流，培养了学生的合作精神，课堂上就会节约出大量的时间进行师生互动、生生互动，共同探索学习中的疑点和难点，提高教学效率。

所有的事物都有两面性，网络也一样。庆幸的是，智慧课堂让孩子找到了一个美妙的网络入口，让他们仿佛插上了信息的翅膀，在知识的广阔天空中自由翱翔。

智慧的平台　学习的殿堂

海口市第九中学　2021届初三（2）班　方顺霖家长

在互联网信息技术迅猛发展的时代下，"互联网＋"已逐渐融入我们的生活中，慕名海口市第九中学"互联网＋"教育的智慧班，孩子也有幸进入了海口九中的智慧班，开启了新颖的"智能化时代"学习方式。

初次接触到"爱学"智慧学习平台，面对这个看上去有点高大上的新事物，触摸着平板电脑，孩子既惊喜又期待。经过一段时间的磨合，智能终端的多重功能，尽显智慧课堂的盛宴，也让孩子切实地体会到，智慧平台的智慧高效学习的魅力。

（一）课前，预习简捷方便

课前的有效预习，可以促进孩子课上的有效学习。在"爱学"平台的智慧课堂环境下，孩子的课前预习活动可以更加便捷、有趣。孩子可以通过平板电脑，打开教师布置的课前预习微课素材，包括微视频、电子文档、语音、网页等极为丰富的学习资源。孩子能形象、生动地完成课前预习，并完成微课习题，系统自动评分，直接检验预习效果。若做题效果不佳，可以反复观看和思考微课素材，若有"疑难杂症"，可以课上与老师交流，使得孩子课上的学习更加具有针对性，也更加轻松有效。

（二）课后，学习巩固提升

课后，孩子可登录"爱学"平台完成在线检测、课后作业等，每个孩子都有实名制的学习空间。孩子可以通过手写拍照、语音传送等方式完成作业，系统自动完成批改，孩子可以立即纠错补缺，随时翻阅视频微课的课件，回顾自己掌握欠缺的地方。而且从作业的质量、完成的速度到课后的学习巩固、提升，孩子的学习情况会被系统记录下来，形成学习的大数据。教师根据孩子的情况，进行分组并推送不同的习题，孩子可以有针对性地进行提升训练。同时，系统自动形成各科错题集，孩子可以在复习阶段重刷错题，有的放矢地攻破薄弱知识点，形成学习闭环。

（三）日常， 随时随地学习

智慧平台的学习方式灵活，学习不受时间、地点、水平的限制，只要有网络，孩子可以在任何地方、时间，都可以学习，同时可以根据兴趣选择更多的学习内容，还有会移动的家教，接受名师辅导。

孩子不仅可以在任何地方、任何时间完成教师推送的预习包、复习题、测试题，还可以在资源丰富的自主学习平台——北京四中网校，根据兴趣选择"天天背单词""作文素材""名师辅导"等资源模块有针对性地进行学习训练。孩子很喜欢"天天背单词"学习模块，系统通过填补字母、语音默写、中文选词等多种形式帮助孩子完成单词背诵学习；完成学习任务，还可以获得一定的虚拟奖励，极大地调动了孩子的学习热情。"名师辅导"模块可以共享北京四中优秀教师的教学视频，特别是寒暑假，可以选择参加各学科名师的预习直播课，省钱省力地完成新学期课程的预习，达到事半功倍的效果。

（四）复盘， 复习诊学练测

智慧平台的自主学习平台——北京四中网校，有一套完整的学习模式，叫"诊、学、练、测"。孩子已经在"爱学"平台以及学校里进行了学习，学习当中会有不足，需要查缺补漏。此时，孩子打开网校平台，可以针对一个阶段或者某一个知识点的学习，先诊断一下自己的学习情况：我到底掌握了没有，掌握的程度怎么样？通过完成设定的任务，网校平台会显示哪些知识掌握得还不够牢，哪些学得还不够好。完成了诊断，网校平台会引导孩子进入学习空间，学习相关的知识点，可能需要 5 分钟，也可能 15 分钟，根据孩子的掌握情况不同，所需时间也不尽相同。学习之后是练，通过练习进一步检测知识的掌握程度。测完之后的结果如果是进步了，那就很好。一个完整的"诊、学、练、测"学习模式，是阶段性复习复盘的有效学习体系。

"君欲善其事，必先利其器"。孩子利用"互联网＋"智能化学习平台，让学习插上智慧的翅膀，发现智慧、发展智慧、应用智慧、创造智慧。

第四章
平台支持

搭建平台 助力教育信息化课堂改革落地

北京四中网校海口分校 何秀英

摘要： 教育信息化新时代，在大力推进教育信息化发展的进程中，北京四中网校海口分校通过先进的教学平台、优质的教学资源、成熟的课型模式、有温度的教研服务，积极搭建各种有利于学校发展和有利于教师、学生成长的平台，助力学校教育信息化课堂改革真正落地。

关键词： 平台；模式；教研；融合；实施；落地

教育信息化是我国应对知识经济挑战、实现教育现代化的一个重要战略选择，也是衡量教育现代化水平的一个重要标志。当前，学校信息化设施已经具备一定的基础，强化教育资源的整合与共享，完成信息技术在教育教学过程中的深度、普遍应用，推动教育理念变革，促进教育教学模式创新，进而实现信息技术与教育教学的深度融合，这是学校的一个重要实践方向。

海口市第九中学紧跟教育信息化时代前进的步伐，于 2016 年 3 月与北京四中网校正式签订《北京四中数字校园合作协议书》。依托北京四中网校的智慧课堂优质资源、平台技术及"三翻二段十环节"教学模式，教师由"教"向"引导"转变，学生由"被动学习"向"主动学习"转变，从而提高课堂效率。同年 9 月双方又签订《爱学派云课堂合作协议书》，利用平板电脑等软件、硬件设备为学校课堂提供先进的、便利的互动教学环境，结合北京四中网校的在线教学平台、海量优质资源和先进的教学模式，实现了从课前教师任务发布、课上互动教学到可延伸至课后学生自主学习的高效师生双向互动。通过一年多的实践探索，2018 年，海口市第九中学总结出适合自身特色的翻转课堂教学模式——"三翻三步五环节"。

教育信息化是一个技术化的大概念，学校在紧锣密鼓地筹备了信息化教学的一切条件之后，信息化这个"概念股"如何实际作用到学校中？如何搭建平台，助力教育信息化课改真正落地，是北京四中网校海口分校一直在思考的问题。

正如北京四中网校高钧副校长所说："从以往北京四中网校与数千所学校的合作实践来看，智慧课堂教学改革，在新理念、新要求下的教与学方式的重置，是一个'由繁到简''由重到轻'的必经过程，作为教师谁也无法例外。这种过程的有效持续，一定需要有一种外力去卸下初期颇为沉重的工作量，不断支撑教师前行。而先进的教学平台、优质的教学资源、成熟的课型模式、有温度的教研服务，就是这个外力。北京四中网校尤其注重驻校教研服务、'交付即开始'的独特运营品质，快速促进学校教育教学与信息技术的深度融合，将'信息技术'落地到真实的课堂中，让'信息素养'扎根在每一位老师身上，是北京四中网校新时期的角色定位所在，也是业务价值所在。"北京四中网校海口分校始终坚持这样一种服务理念，助力学校教育信息化课改真正落地。

（一） 技术赋能教育， 提供实用的信息化产品

北京四中网校智慧教学平台，是智慧校园建设的核心应用模块，是结合北京四中教育改革经验及教学需求研发设计出的辅助课堂教学系统，是将信息技术融入常规教育教学过程的重要系统。利用该平台，教师可以组织任务驱动式学科教学活动，辅助学生切实达成预习效果，辅助教师实现以学定教，辅助学校提高课堂教学效率。

在实际教学活动中，智慧教学平台以任务驱动式教学法为依据，教师推送微课程、测验、文档资源、讨论、直播等不同类型的学习任务；学生登录系统，完成各种学习任务。教师可以给不同学生推送不同的任务，体现个性化教学。系统记录、跟踪学生学习过程，自动统计分析学情，教师实时查看分析结果与学生的问题反馈，了解共性问题与个性问题，了解每个知识点学生掌握的情况，辅助教师实现针对性教学。教师可以通过系统快速组卷出题，支持知识点选题、同步章节选题、智能选题等方式，简化组卷流程，提高工作效率。

智慧教学平台具有如下特色：

第一，分层次推送任务，实现分层教学。

第二，及时、准确地获取全面学情，实现精准教学。

第三，利用知识图谱与自适应技术，实现学生个性化学习。

第四，校领导及时获取应用数据，实现数字化管理。

智慧教学平台，可以很好地支持翻转课堂、创客教育、双师课堂教学、混合式教学等课堂改革新模式的实施，以实现信息技术与教育教学的深度融合，并且支持与学校现有平台实现统一用户身份、统一登录。培养学生自主学习的能力与习惯，促进学生合作能力、探究能力的提升，促进实现对学生分析、评估、创新等高阶思维的培养。

（二） 成熟的教学模式服务于合作学校

北京四中网校提出的"三翻两段十环节"教学模式，将教学过程分解为课前、课中两个阶段，通过课前的教师一次备课、发布任务，学生自主学习、反馈交流，教师获取学情、二次备课六个环节，以及课中的展示交流、合作释疑、检测提升、总结评价这四个环节中各种活动的组织，实现三个翻转。

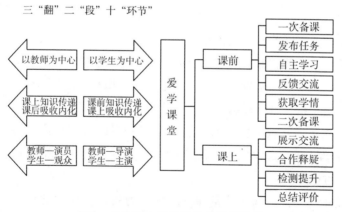

图1　北京四中网校提出的教学模式

1. 三翻

指的是教学理念的翻转、教学结构的翻转、教学角色的翻转。

教学理念的翻转：从传统课堂"以教师为中心"到"以学生为中心"的教学理念的转变。尊重学生的个体差异，转变教与学的方式，促进深层次的学习。

教学结构的翻转：从传统课堂课上的"知识传递，课后吸收内化"，到翻转课堂的"课前知识传递，课上吸收内化"的翻转。学生的学习环境发生了改变。知识传递发生在课前，学生通过教学平台学习、交流、反馈。教师通过平台获取学情后二次备课，课上有针对性地解决学生的问题，并在此基础上实现知识的拓展提升，完成知识的内化与吸收，锻炼学生的能力。

教学角色的翻转：教师的角色从"演员"转变成"导演"；学生从课堂里的"观众"转变为"主演"。教师不仅要传授知识，更重要的是要注重培养学生自主学习的能力，引导学生在探索中感悟，获取知识。学生从被动的灌输变为主动的接受，真正参与进课堂，让课堂成为学生的舞台。

2. 二段

翻转课堂包括两个教学过程，课前和课上。

课前：教师在一次备课后借助平台发布网上任务，学生在自主学习的同时进行反馈交流，教师获取学情后进行二次备课。

课上：教师对课前学习的情况进行反馈，针对学生存在问题组织教学活动，利用小组合作、讨论释疑、展示实验等教学手段拓展提升，完成课堂教学的高阶目标。

3. 十环节

十环节包括，课前的一次备课、发布任务、自主学习、反馈交流、获取学情、二次备课六环节和课上的展示交流、合作释疑、检测提升、总结评价四环节。课前的六个环节，是教学流程必经之过程，相互衔接；而课上的四个环节不是相互衔接关系，可以根据不同课程特点，灵活应用。

（1）一次备课：教师根据所教班级情况和对教材的整体把握，预设所授知识点的教学目标，为学生预备配套的学习资源。其中包括微课、学案、试题、问题的讨论等。

（2）发布任务：教师一次备课准备的学习资源，在教学平台上以任务的形式发布给学生，任务发布的顺序即为学生学习的先后顺序，其内在有一定的逻辑性，由浅入深，循序渐进。根据学习资源种类的不同可发布不同的任务类型。

（3）自主学习：教师发布任务之后，学生在任务单的引导下，在教学平台上自主学习。学生不受时间、空间的限制，可自定步调完成对知识的学习。

微课可以反复看，测试在提交前可以修改。

（4）反馈交流：学生自主学习的过程中，可将学习中的心得体会以及存在的问题通过平台及时地反馈给教师。师生可在平台中讨论，实现师生交流与生生交流。

（5）获取学情：平台自动记录与分析学生学习过程中的数据，教师可以实时查看学生学习任务的完成情况，根据数据反馈结果得知学生对知识的具体掌握情况。

（6）二次备课：教师依据学情，分析、整理学生在所学知识中存在的共性、个性问题，及时调整课上的教学目标，有针对性地设计教学内容，组织课上的教学活动。从一次备课的预设性教学目标到二次备课的生成性教学目标，实现以学定教。

（7）展示交流：展示网上任务完成情况，展示课上学习成果，同学之间、师生之间进行相互交流。课上学习成果的展示一般通过教师组织小组活动，学生之间进行研讨，最后将研讨的结果进行展示。在展示的同时，学生之间相互补充、纠错，教师予以激励并加以引导，从而固化学生的学习习惯，培养学习方法，激发学生们的学习兴趣。

（8）合作释疑：主要是指小组合作探究、教师精讲重难点、解决学生的个性和共性问题。学生合作学习，思维得以碰撞交流，在教师的个性化指导下，达到激发学生的求知欲、强化责任感、提升团队协作能力的目的。

（9）检测提升：检测主要是达标检测和自主纠错，检测有口头检测、书面检测和平板电脑检测三种形式。提升则是指对知识的补充拓展和延伸。教师在这个过程中协作、指导学生，以帮助学生学会学习、学会思考，培养他们的创新能力和实践能力。

（10）总结评价：可以是教师对学生进行总结评价，也可以是学生之间互相进行总结评价。总结评价不单是出现在临近课堂结束时，在整个课堂中也可对课堂内容、课堂表现、习惯方法等进行总结与评价。教师在课堂教学中要引导学生学会总结、学会反思，提高自我的认知能力。完善、恰当的评价可以开启学生积极的学习心智，引发向上的学习动力，建立足够的学习自信。

（三）有温度的教研服务，推进信息技术与教育教学的深度融合

北京四中网校从 2012 年推出数字校园解决方案，探索自主合作探究的课

型模式，同时，打造了一支具有先进教育理念，充满教育情怀，掌握现代信息技术，积累了丰富新课改教学经验的教研团队，能细致、具体地手把手给教师讲理念、教方法，帮助教师实施课改，有效推进教育信息化课堂改革落地。

学校启动课堂改革，北京四中网校海口分校辅助学校成立课改领导小组，派驻教研员到学校参与制订课改实施计划、智慧课堂工作方案、师生激励措施、集体备课、学生管理、小组合作学习培训、公开课与赛课活动、家长开放周活动等一体化方案。之后辅助教师一起做课改教研活动，选择微课，讨论学生预习数据，分析课程重难点，设计信息技术对教学过程的支撑，策划小组活动，手把手辅助教师实施翻转课堂、智慧课堂，并组织教师集体备课、听课评课、观摩交流、公开课与赛课的晒课、校际教研等活动，帮助学校切实实现课改目标，使合作学校的课堂改革少走很多弯路，很快体现出辉煌成果。

北京四中网校教研服务具备如下特色：

第一，成熟的师资培养：实用的教师培训课程，理念、模式、实操、试讲，培训结束后教师可以直接启动实施信息化教学。

第二，贴身的教研团队：配合教师备课、磨课、听课、评课，手把手辅助教师实施课改，打造智慧课堂。

第三，接地气的服务：辅助学校开展公开课、家长开放日、教师研修等大型活动，助力学校扩大影响力。

（1）"中高考远程教研"，是北京四中网校十余年来特别为合作学校教师组织的网上直播教研活动，合作学校教师可以与北京四中初高中执教教师、专家在线交流和研讨。主要内容涉及中高考政策、考点分析、重难点题型分析等，并解读全国考试说明对中高考的影响。

（2）研修活动：从2005年起，北京四中网校每年举办全国性"基础教育信息化"论坛与研修活动，邀请教育部、教育局、学校等各级领导，院校学者，领域内专家共同解读国家政策趋势、互通共享实践经验，探讨信息技术在教育教学过程中的创新应用与变革发展，活动会特别邀请多位已经践行智慧课堂的优秀教师分享其具体案例与教学措施，为参会者提供比较直接的经验参考。2015年至今，北京四中网校海口分校先后协助组织海口市各合作学校共400多人次参加该论坛与研修活动，其中海口市第九中学参加人次达100人以上。2018年、2019年北京四中网校海口分校与海口市第九中学分别担任了全国性"基础教育信息化"论坛与研修活动的协办方和承办方。

（3）教师培训：北京四中网校有成熟、实用、紧凑的教师培训方案，有经验丰富的师资团队，辅助学校进行深度的教师集中培训，课程内容包括信息化趋势、智慧课堂、混合式教学（信息化教学常态化应用）、翻转课堂教学设计、翻转课堂教学案例、小组合作学习、微课设计与制作、平台操作、平板电脑操作、说课点评等。培训后教师可以直接开展智慧课堂教学，多年来北京四中网校已经为10万余名教师提供教师培训，其中，北京四中网校海口分校为1000人次以上教师提供教师培训。

（4）在线主题教研：北京四中网校根据不同阶段教师研修需求，推出学科教学与信息技术的深度融合、核心素养、小组合作探究、课堂改革等不同主题的在线教研活动，持续推动教学改革工作。为促进课堂改革经验的互通共享，加快推进信息技术与课堂教学的深度融合，提高教师的信息化素养，北京四中网校还以线上方式举办全国各学校之间的"基础教育信息化'论课'"系列活动。论课系列活动充分体现了各地区教学特点，基于"同课异构"的理念，以网络教研方式聚焦课堂、打造课堂，探讨信息化如何助力高效课堂，解决教学实践中的具体问题。2019年11月，北京四中网校海口分校协助海口市第九中学的王涵老师和宁夏回族自治区石嘴山市第二中学的高飞霞老师开展关于同课异构交流的活动，该活动受到全国各地教师的一致好评。

（四）为教师提供全国性展示舞台，实现智慧课堂落地

1. 论坛活动

从2015年起，北京四中网校每年举办全国性"基础教育信息化"论坛活动，活动第一天均为"智慧课堂公开课"，为优秀教师提供展示的舞台。2018年1月，在海口市举办该活动，共计12节公开课，300余人参会；2019年5月，在宁夏回族自治区石嘴山市举办该活动，共计15节公开课，400余人参会；同年6月，在烟台市举办该活动，共计36节公开课，600余人参会；2019年12月，在海口市举办该活动，共计18节公开课，600余人参会。

2. 区域交流活动

北京四中网校每年组织多场区域间智慧课堂交流活动，为已经开展课堂改

革的学校提供展示自己风采的机会，为起步开展智慧课堂建设的学校提供看课、交流的机会。海口市第九中学在校领导的支持下，在北京四中网校海口分校的协助下，多次参加各种交流活动。2018 年 1 月，海口市第九中学参加由北京四中网校海口分校承办、海口市第九中学协办的全国"'互联网＋'新课标背景下翻转课堂教学模式的开发和研究"学术研讨暨成果展示交流大会，有本校的 6 位老师参加献课；2018 年 10 月，在由中国教育技术协会主办、北京四中网校承办的"中国基础教育信息化大会暨《教育信息化 2.0 行动计划》背景下的智慧课堂建设与实践"研修活动中，海口市第九中学的岳宗良老师受邀参加公开课的展示交流；2019 年 4 月，海口市第九中学参加由河南师范大学智慧教育科学研究院主办的"郑州—长沙—海口同课异构"公开课，其中来自长沙、郑州、海口的 17 位教师展示公开课，9 位校长分享课堂改革的经验；2019 年 12 月，在由北京四中网校承办的"2019 中国基础教育信息化大会暨'互联网＋'智慧课堂教师"研修活动中，海口地区合作学校 8 位老师参加全国公开课展示交流，海口市第九中学邢福楷校长代表学校做经验交流分享，海口市美兰区教育局梁东喜局长做区域教育信息化建设经验交流分享。

3. 出版书籍

2019 年组织编辑将由中国人民大学出版社出版的《数据驱动下的智慧课堂精准教学》，征集到来自合作学校的 160 余篇文稿，被选用的约有 130 篇文稿，涵盖全国各地 93 所学校，字数在 24 万字左右。原北京四中校长邱济隆认为，该书"堪称当今信息化课改教科书级的实践教材"！包含海口市第九中学在内的海口七所合作学校共 11 位教师的文稿被征集入此书。后续，还会出版信息化课堂改革的相关书籍，合作学校教师均有机会投稿发表。

（五） 提供智慧课堂实施方案

智慧课堂的推进，涉及软件平台应用、恰当资源、新型教学模式与教学理念，涉及教师、家长观念的转变，涉及学生学习方式的改变，是一个系统工程。需要 2～5 年的周期，采用整体规划、分步实施的建设策略，采取以点带面，局部见成效之后，再整体推动的策略，需要以培训为抓手，强化落实，需要校领导的鼎力引领。

1．推进智慧课堂之保障措施

为了整体工作的顺利推进，需要有效的保障措施。北京四中网校根据多年助力百所学校建设的经验，辅助学校采取如下措施并制定相关方案，持续推进并落实。

（1）成立有力的信息化教学领导小组，从组织层面确保课堂改革的顺利推进。

（2）每个阶段采用恰当的考核激励措施，调动参与教师的积极性。

（3）建设初期，挑选合适的教师参与教学改革，对教学改革的成效有较大影响。

（4）小组教学方式，是实施智慧课堂的重要因素。

（5）借助第三方教研服务辅助学校课堂改革，是有力的保障措施。

2．成立领导小组并确定其相关职责

协助学校成立课堂改革工作小组，明确每位参与者的具体职责，制定例会制度，通过会议不断推进各项工作的进展。

3．阶段性工作计划

根据学校实际情况，为合作学校提供可参考的智慧课堂学期工作计划，北京四中网校海口分校与学校协商分阶段进行调整，共同推进智慧课堂真正落地。

4．绩效评价制度

为了更好地发挥软件平台在教学过程中的作用，进一步转变教师教学理念，改进教学方法，最大化地提高教学成绩，充分发挥教师的创造能力和软件平台的优势，与合作学校共同协商制定"智慧课堂教师绩效评价制度"。

5．组织培训

有效的培训能让教师、家长、学生都理解智慧课堂的目的与意义，让教师、学生掌握相关的技能与方法，各方协调一致，以确保教与学的效果。

（1）教师培训：北京四中网校，有成熟、实用、紧凑的教师培训方案，与经验丰富的师资团队，可辅助学校进行教师培训。

（2）学生培训：学生方面除了学生平台的操作培训、小组合作学习培训，我们还定期对学生的学习习惯和方法进行培训，例如学习计划、听课（微课）

笔记、学案导学预习、思维导图、错题本建立等。学生良好的学习品质,特别是小组合作学习的培训,为翻转课堂的有效实施提供了保障。

(3)家长培训:信息时代的到来,翻转课堂教学模式的兴起,对家长提出了新的要求,根据翻转课堂中家长应承担的构建学习型家庭、加强家校合作、熟知教育常识、更新观念和注重孩子品质等职责的要求,北京四中网校海口分校与合作学校做好沟通,达成共识,对家长进行了翻转课堂理念、翻转课堂教学模式、学生平台操作、亲子沟通以及家庭教育等一系列培训,构建良好的家校环境,实现学生的健康成长,使学校教育信息化课堂改革工作得以顺利进行。

总之,在教育信息化2.0行动计划引领下,我们将继续助力更多的学校"坚持融合创新,发挥技术优势,变革传统模式,推进新技术与教育教学的深度融合,真正实现从融合应用阶段迈入创新发展阶段,不仅实现常态化应用,更要达成全方位创新",助力更多学校、教师、学生,有好的实际应用才是真正落地。

参考文献

[1]高钧. 数据驱动下的智慧课堂精准教学[M]. 北京:中国人民大学出版社,2020.

[2]教育信息化2.0行动计划[Z]. 中华人民共和国教育部,2018.